"十三五"职业教育汽车营销与服务专业规划教材

汽车类专业立体化数字资源配套教材

汽车服务顾问

何乔义 主编

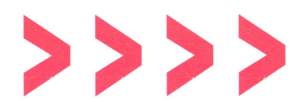

·北京·

本书按照汽车售后服务的服务顾问工作内容，设置了10个学习任务，包括认识汽车服务顾问、维修预约、维修接待、进厂检验、签订合同、派工维修、竣工检验、结算交车、返修与抱怨处理、跟踪服务。书中内容以汽车服务顾问实际工作流程和要求为主线，以实际工作案例、话术和工作表格为载体，选取工作任务设计教学内容，用接近实战的方法培训学生。

为方便教学和学生自学，在书中设置了二维码，包括大量的动画、视频等内容。另外，书后附教学软件光盘，并配有教学课件、电子教案等。同时为本书建立了QQ群（号码465325232），汽车专业教师可加入免费咨询交流本专业课程相关问题。

本书可作为高职高专院校、中等职业技术学院汽车技术服务与营销、汽车运用技术、汽车检测与维修技术以及汽车电子技术等专业的教材，也可作为汽车维修业务接待培训教材，同时亦可供汽车维修企业相关人员参考。

图书在版编目（CIP）数据

汽车服务顾问/何乔义主编．—北京：化学工业出版社，2017.10（2023.7重印）

"十三五"职业教育汽车营销与服务专业规划教材

ISBN 978-7-122-29618-4

Ⅰ.①汽⋯ Ⅱ.①何⋯ Ⅲ.①汽车-服务营销-职业教育-教材 Ⅳ.①F766

中国版本图书馆CIP数据核字（2017）第100787号

责任编辑：韩庆利	文字编辑：张绪瑞
责任校对：王 静	装帧设计：史利平

出版发行：化学工业出版社（北京市东城区青年湖南街13号　邮政编码100011）

印　　装：涿州市般润文化传播有限公司

787mm×1092mm　1/16　印张11¾　字数281千字　2023年7月北京第1版第4次印刷

购书咨询：010-64518888　　售后服务：010-64518899

网　　址：http://www.cip.com.cn

凡购买本书，如有缺损质量问题，本社销售中心负责调换。

定　价：34.00元　　　　　　　　　　　　　　　　　　版权所有　违者必究

《汽车服务顾问》
编写人员

主　编　何乔义　武汉软件工程职业学院
副主编　闫　旭　河北龙鼎科技有限公司总经理
　　　　　常　亮　兰州职业技术学院
　　　　　程师苏　合肥职业技术学院
　　　　　桂长江　昆明市盘龙职业高级中学
　　　　　李　健　涿州市职业技术教育中心
　　　　　邢振东　天津市交通学院
　　　　　何文锋　咸阳职业技术学院
参　编　杨　建　成都农业科技职业技术学院
　　　　　李　晓　四川科技职业技术学院
　　　　　彭鹏峰　广东工贸职业技术学院
　　　　　张　妮　武汉市交通学校
　　　　　霍建刚　唐山劳动技师学院
　　　　　董顺志　唐山劳动技师学院

《汽车服务顾问》是依据汽车维修服务企业的实际要求，结合学校的教育特点，采用任务式教学模式编写而成。

《汽车服务顾问》提取了汽车售后服务的服务顾问工作内容，包括礼仪规范、汽车维修接待流程、客户满意与客户关系的经营与管理等典型工作任务，构建成"汽车服务顾问实务"的课程内容。本书深入贯彻二十大精神，书中内容按企业实际工作要求，培养学生的职业修养、售后服务流程操作和汽车售后服务现场管理等职业核心能力。

为便于学生学习，书中以汽车服务顾问实际工作流程和要求为主线，以实际工作案例、话术和工作表格为载体，选取工作任务设计教学内容，用接近实战的方法培训学生，缩小学校教学与实际工作要求之间的差距。

《汽车服务顾问》可作为高职高专院校、中等职业技术学校汽车技术服务与营销、汽车运用技术、汽车检测与维修技术以及汽车电子技术等专业的教材，也可作为汽车维修业务接待培训教材，同时亦可供汽车维修企业相关人员参考。

《汽车服务顾问》一书设置了二维码，包含大量的动画、视频等内容。书后所附光盘提供了试用版三维实景教学软件。另外，配套提供了教学课件、电子教案、习题参考答案等教学资源，可登录化学工业出版社教学资源网免费下载，或到QQ群（号码465325232）下载。

特别鸣谢本书中所有多媒体动画、交互式二维码、情景配音、试用版软件提供企业——河北龙鼎科技有限公司。

在编写过程中还得到了相关汽车服务公司专家的大力支持和帮助，在此一并感谢。书中不妥之处，敬请读者指正。

编 者

任务 1　认识汽车服务顾问 …… 1

【导入案例】 …… 1
【学习目标及要求】 …… 2
【学习内容】 …… 2
1.1　汽车服务认识 …… 2
　　1.1.1　服务流程认知 …… 2
　　1.1.2　服务团队 …… 5
1.2　服务顾问必备的知识和技能 …… 6
　　1.2.1　留给客户良好的第一印象 …… 7
　　1.2.2　着装、仪容及仪表 …… 7
　　1.2.3　行为举止 …… 8
1.3　与客户交流的语言技巧 …… 14
　　1.3.1　正确的表达方式 …… 14
　　1.3.2　服务用语的表达技巧 …… 15
　　1.3.3　主动倾听的技巧 …… 15
　　1.3.4　通过提问理清思路的技巧 …… 17
　　1.3.5　电话沟通注意事项 …… 18
【任务要点总结】 …… 19
[思考题] …… 20
[练习] …… 20

任务 2　维修预约 …… 21

【导入案例】 …… 21
【学习目标及要求】 …… 24
【学习内容】 …… 24
2.1　维修预约认知 …… 24

2.1.1 维修预约概念	24
2.1.2 建立客户档案	26
2.2 维修预约流程	27
2.2.1 维修预约流程介绍	27
2.2.2 预约工作的基本原则	29
2.3 预约的推广	32
2.4 预约服务人员的能力要求	34
2.4.1 观察能力	34
2.4.2 沟通能力	34
2.4.3 与客户达成共识	35
2.5 预约流程的实施	35
2.5.1 预约流程关键点	35
2.5.2 预约流程的步骤和执行标准	35
2.5.3 预约实施训练	38
【任务要点总结】	50
[思考题]	51

任务 3　维修接待　52

【导入案例】	52
【学习目标及要求】	53
【学习内容】	53
3.1 维修接待的目的和要求	53
3.1.1 维修接待的目的	53
3.1.2 维修接待的要求	54
3.2 维修接待的流程	54
3.2.1 维修接待的准备工作	54
3.2.2 引导客户停车	55
3.2.3 了解来意，合理安排	56
3.3 维修接待的注意事项	57
3.4 维修接待流程的实施	57
3.4.1 维修接待流程关键点	57
3.4.2 维修接待流程的步骤和执行标准	58
3.4.3 维修接待实施训练	59
【任务要点总结】	62
[思考题]	63

任务 4　进厂检验　　64

【导入案例】……64
【学习目标及要求】……66
【学习内容】……67
4.1　环检……68
　　4.1.1　环检的作用及要求……68
　　4.1.2　环检前的准备工作……70
　　4.1.3　环检的内容……71
4.2　确定维修内容……72
　　4.2.1　了解客户……73
　　4.2.2　确定工作项目……73
　　4.2.3　业务咨询与诊断……73
　　4.2.4　故障诊断及维修项目确认……75
4.3　维修费用的确定……77
4.4　维修时间的确定……78
4.5　承诺维修质量……78
4.6　进厂检验流程的实施……80
　　4.6.1　进厂检验流程关键点……80
　　4.6.2　进厂检验流程的步骤和执行标准……80
　　4.6.3　进厂检验实施训练……83
　　4.6.4　角色扮演考核……84
【任务要点总结】……89
[思考题]……89

任务 5　签订合同　　90

【导入案例】……90
【学习目标及要求】……91
【学习内容】……91
5.1　维修合同制作……91
5.2　维修合同的填写内容及注意事项……95
5.3　确认与签字……99
5.4　办理车辆维修交接手续……100
5.5　签订合同流程的实施……100
　　5.5.1　签订合同流程关键点……100

5.5.2　签订合同流程的步骤和执行标准 …………………………… 100
　　　5.5.3　预约实施训练 ………………………………………………… 101
【任务要点总结】…………………………………………………………… 103
[思考题] …………………………………………………………………… 103

任务 6　派工维修　　104

【导入案例】………………………………………………………………… 104
【学习目标及要求】………………………………………………………… 105
【学习内容】………………………………………………………………… 105
　6.1　送修车辆办理维修交接手续 ……………………………………… 105
　6.2　车辆维修进度控制 ………………………………………………… 107
　6.3　维修变更 …………………………………………………………… 109
　6.4　派工维修流程的实施 ……………………………………………… 111
　　　6.4.1　派工维修流程关键点 ………………………………………… 111
　　　6.4.2　派工维修流程的步骤和执行标准 …………………………… 111
　　　6.4.3　派工维修实施训练 …………………………………………… 111
　　　6.4.4　角色扮演考核 ………………………………………………… 112
【任务要点总结】…………………………………………………………… 115
[思考题] …………………………………………………………………… 115

任务 7　竣工检验　　116

【导入案例】………………………………………………………………… 116
【学习目标及要求】………………………………………………………… 117
【学习内容】………………………………………………………………… 117
　7.1　竣工检验的重要性 ………………………………………………… 117
　7.2　竣工检验流程和执行标准 ………………………………………… 117
　　　7.2.1　竣工检验流程 ………………………………………………… 118
　　　7.2.2　准备向客户交车 ……………………………………………… 120
　7.3　竣工检验流程的实施 ……………………………………………… 120
　　　7.3.1　竣工检验流程关键点 ………………………………………… 120
　　　7.3.2　竣工检验流程的步骤和执行标准 …………………………… 120
　　　7.3.3　竣工检验实施训练 …………………………………………… 121
　　　7.3.4　角色扮演考核 ………………………………………………… 121
【任务要点总结】…………………………………………………………… 122
[思考题] …………………………………………………………………… 123

任务 8　结算交车　124

【导入案例】……………………………………………………………… 124
【学习目标及要求】……………………………………………………… 125
【学习内容】……………………………………………………………… 125
  8.1　通知客户接车 …………………………………………………… 125
  8.2　客户验车 ………………………………………………………… 125
  8.3　结算 ……………………………………………………………… 127
  8.4　交车 ……………………………………………………………… 128
  8.5　结算交车流程的实施 …………………………………………… 130
    8.5.1　结算交车流程关键点 …………………………………… 130
    8.5.2　结算交车流程的步骤和执行标准 ……………………… 130
    8.5.3　结算交车实施训练 ……………………………………… 130
【任务要点总结】………………………………………………………… 131
［思考题］………………………………………………………………… 132

任务 9　返修与抱怨处理　133

【导入案例】……………………………………………………………… 133
【学习目标及要求】……………………………………………………… 134
【学习内容】……………………………………………………………… 134
  9.1　导致客户抱怨的原因 …………………………………………… 135
  9.2　客户抱怨与投诉的目的 ………………………………………… 135
  9.3　抱怨与投诉处理 ………………………………………………… 135
    9.3.1　抱怨与投诉处理的原则 ………………………………… 136
    9.3.2　处理抱怨与投诉的基本要求 …………………………… 136
    9.3.3　处理客户抱怨与投诉的注意事项 ……………………… 137
    9.3.4　内部改进措施 …………………………………………… 137
  9.4　客户抱怨与投诉处理流程 ……………………………………… 137
    9.4.1　用心聆听 ………………………………………………… 138
    9.4.2　仔细询问 ………………………………………………… 139
    9.4.3　解决方案确定 …………………………………………… 139
    9.4.4　车间返修 ………………………………………………… 141
    9.4.5　总结提高 ………………………………………………… 141
  9.5　返修与抱怨处理流程的实施 …………………………………… 141
    9.5.1　返修与抱怨处理流程关键点 …………………………… 141

  9.5.2 返修与抱怨处理流程的步骤和执行标准 …………………………… 142
  9.5.3 返修与抱怨处理实施训练 …………………………………………… 143
【任务要点总结】……………………………………………………………………… 146
[思考题] ……………………………………………………………………………… 146

任务 10   跟踪服务   147

【导入案例】…………………………………………………………………………… 147
【学习目标及要求】…………………………………………………………………… 148
【学习内容】…………………………………………………………………………… 149
 10.1 客户档案管理 ………………………………………………………………… 149
  10.1.1 客户档案的建立方法 ………………………………………………… 149
  10.1.2 客户档案的建立内容 ………………………………………………… 149
  10.1.3 客户档案信息的分析和应用 ………………………………………… 151
 10.2 跟踪服务 ……………………………………………………………………… 155
  10.2.1 跟踪服务的作用 ……………………………………………………… 155
  10.2.2 跟踪服务的内容 ……………………………………………………… 156
  10.2.3 跟踪服务遵循的基本原则 …………………………………………… 157
  10.2.4 跟踪服务的方式 ……………………………………………………… 157
  10.2.5 跟踪服务的标准 ……………………………………………………… 157
 10.3 客户投诉处理及避免 ………………………………………………………… 158
  10.3.1 正确对待客户投诉 …………………………………………………… 159
  10.3.2 提高客户满意度,避免客户投诉 …………………………………… 160
 10.4 客户流失分析及招揽 ………………………………………………………… 160
  10.4.1 客户流失分析 ………………………………………………………… 161
  10.4.2 流失客户的招揽 ……………………………………………………… 162
 10.5 跟踪服务流程的实施 ………………………………………………………… 164
  10.5.1 跟踪服务流程关键点 ………………………………………………… 164
  10.5.2 跟踪服务流程的步骤和执行标准 …………………………………… 165
  10.5.3 跟踪服务实施训练 …………………………………………………… 165
【任务要点总结】……………………………………………………………………… 174
[思考题] ……………………………………………………………………………… 175

参考文献   176

任务 1

认识汽车服务顾问

> **导入案例** ▶▶
>
> **【导入案例1-1】 服务顾问的基本要求**
>
> 　　在一个炎热的夏天，服务顾问张宁在接车现场忙得汗流浃背，趁着空闲的时候，他松了松领带，解开领扣，拿着茶杯喝水。这时，一名客户开着车到达接车现场，客户下车后走到张宁面前说道："我的车需要修理。"张宁听到客户的话语，赶紧放下茶杯，走向客户。"你好，有什么需要我帮忙的吗？"张宁朝着客户走去，同时整理着衣服。
>
> 　　张宁听完客户的故障述说后说道："刚才你说你车辆的故障是启动不太顺利，需要几次才能启动，这肯定是供油系统有问题，需要修理费用500元，明天14点交车。你在维修单上签字后我就安排修理。"经过一番交涉后，客户签字。第二天14点客户到达接车现场取车，找到张宁后说明来意。张宁找到维修单看了看后对客户说道："还要约一个小时才能交车。""为什么，不是安排14点交车的吗？""因为维修时发现火花塞需要更换，需要费用400元，因为费用较多，只有等你来了后才能做决定是否更换火花塞。""你为什么修车之前没有说要换火花塞呢？"客户生气地说道。张宁见客户生气了赶紧说道："在维修过程中才发现火花塞有问题的。""为什么不用电话告诉我呢""最近我们太忙了，没有时间给你打电话。"客户听后更加生气"你们是太不负责了，我不在这里修车了。"客户与张宁越说分歧越大。
>
> 　　后来在服务经理的调解下，用减免更换火花塞费用的方法，解决了问题。

思　考 ▶▶

1. 为什么客户会与服务顾问就车辆维修产生较大的纠纷？
2. 为了避免这样的纠纷产生，服务顾问应该注意说明问题？

> **案例启示**
>
> 为了提高汽车售后服务质量，各品牌的车辆都制定有售后服务流程，保证高质量地完成售后服务。
>
> 服务顾问要根据这个流程，完成迎宾送宾、执行服务和联系维系三个阶段的工作。
>
> 特别是要做好互动式问诊、制单报价、派工维修、维修进度通报和跟踪服务等工作。
>
> 服务顾问要衣着标准，语言规范，使客户建立起信赖感和价值感。

学习目标及要求

掌握售后服务流程，能够运用迎宾送宾、执行服务和联系维系的阶段完成服务流程。
掌握服务顾问礼仪标准，要衣着标准，语言规范，使客户建立起信赖感和价值感。

学习内容

1.1 汽车服务认识

1.1.1 服务流程认知

流程是指一系列连续有规律的、以确定的方式发生或执行，导致特定结果的实现。它描述了系统内各单位、人员之间业务关系、作业顺序和管理信息流向，利用它也可以帮助分析人员找出业务流程中的不合理流向。

流程组成的要素有资源、过程、过程中的相互作用（即结构）、结果、对象和价值。

流程是解决"怎么做"的问题，即是从执行的角度出发，完成个人或组织确定的目标，而不考虑或者改变组织的决策。在决策确立之后，流程要解决的问题就是怎么更好地实现决策的目标，而不是改变决策的目标。流程可以理解为"输入资源，经过中间的一系列活动，输出结果"。

流程图是一种清楚地描述工作过程顺序的图形，是揭示和掌握封闭系统运动状况的有效方式，以处理过程为中心，一般没有数据的概念。流程图能够直观地描述一个工作过程的具体步骤，反映的是流经一个系统的信息流、观点流或部件流。

流程图作为诊断工具，它能够辅助决策制定，让管理者清楚地知道，问题可能出在什么地方，从而制定出可供选择的行动方案。

流程管理就是从系统战略出发，进行流程规划与建设，建立流程组织机构，明确流程管理责任，监控与评审流程运行绩效，适时进行流程变革。

流程管理的目的在于使流程能够适应环境，流程会随着内外环境的变化而需要被优化。流程管理是以持续的提高组织业务绩效为目的的系统化方法，是一个操作性的定位描述，指的是流程分析、流程定义、资源分配、时间安排、流程质量与效率测评、流程优化等。能够体现先进实用的管理思想，能够有效融入组织的战略要素，能够引入跨部门的协调机制，从而提高质量、提高工作效率、降低成本、方便客户、提升综合竞争力。

通过分析流程的要素可以得到流程具有目标性、内在性、整体性、动态性、层次性和结构性的特点。

目标性的含义是流程有明确的输出（目标或任务），内在性的含义是流程包含于任何事物或行为中，整体性的含义是流程至少由两个活动组成（因为至少有两个活动，才能建立结构或者关系），动态性的含义是流程从一个活动到另一个活动（因为流程是动态的，是按照一定的时序关系开展的），层次性的含义是组成流程的活动本身也可以是一个流程（流程是一个嵌套的概念，流程中的若干活动也可以看做是子流程），结构性的含义是流程的结构，可以有多种表现形式，如串联、并联、反馈等。这些表现形式的不同，往往会给流程的输出效果带来很大的影响。

为了适应汽车服务市场的激烈竞争，提高服务质量，满足客户日益提高的要求，汽车服务流程在工作中广泛应用。

各个汽车品牌的售后服务流程不尽相同，体现了各品牌的售后服务的管理思想，但是与客户紧密联系的各个工作环节的主要步骤和要求是一致的，这些品牌服务流程的共同特点是以客户为中心的封闭的循环，如图1-1所示的维修服务流程。

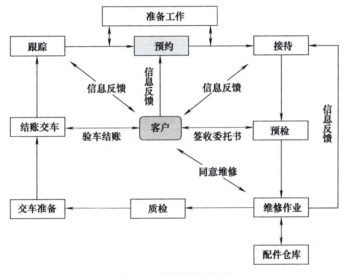

图1-1　维修服务流程

维修服务流程主要包括：预约、准备工作、接待、预检、维修作业、质检、交车准备、结账交车和跟踪等环节。其中的预约、接待、预检、结账交车和跟踪等环节是与客户交流接触的过程；准备工作、维修作业、质检和交车准备等环节是汽车维修服务企业的内部过程。每个环节的主要工作目标见表1-1。

表1-1　维修服务流程的环节和主要工作目标

环节	目标
预约	初步确定维修工作的内容、时间和费用
准备工作	建立或查询客户及车辆档案和维修档案，为后续工作做好准备
接待	迎接客户
	倾听客户描述
	环车检查

续表

环节	目标
预检	诊断,确定维修项目
	估时、估价,并向客户解释
	制定修理委托书,请客户签收委托书
维修作业	查看委托书
	派工
	零部件出库
	车辆维修作业
质检	自检
	互检
	终检
交车准备	清洗车辆
	将车辆停至竣工车位
	通知业务接待
结账交车	陪同客户一起验车
	结账并办理交付手续
	送别客户
跟踪	交车三天后回访
	根据客户不满意情况提出改进措施,并向客户反馈处理意见
	汇总、上报

通过上述流程的环节和要求,可以将流程的主要工作概括为迎宾送宾、执行服务和联系维系三个阶段。

在迎宾送宾阶段,服务顾问是与客户交流沟通的主要执行者。这一阶段是服务的开始,是决定客户满意度高低的关键。从迎宾的那一刻开始,服务顾问必须严格执行流程,做好"互动式问诊"和"制单报价"等工作,在这个与客户面对面的工作中,使客户建立起信赖感和价值感,方便后续工作的开展。

当客户在店休息或离店办事期间,服务顾问的工作便进入了确保承诺能够执行的阶段,包括"派工维修"和"维修进度通报",使车辆的维修工作能在承诺的时间完工。

车辆维修竣工,且在服务顾问确认客户交修的工作已经完成之后,服务顾问主动与离店或在店的客户联系。除了向客户完整说明维修内容外,还需要说明与客户车辆相关的事项,并把清洗完的车辆交给客户,完成维修服务工作。

在执行服务阶段,备件人员是确保备件及时和准确供应的关键。从预约完成后,或是完成前台接待、制单报价的阶段之后,备件人员的工作就要启动,确保备件供应。

维修车间进行的"生产服务"阶段,是满足客户需求的重点工作,通过专业的维修技师的细心工作,保质保量地完成客户的交修工作。

在联系维系阶段,客服团队是关键。当客户在店休息时,客户休息区的人员能主动提供饮料及其他所需的协助。当客户表明需离店后,更要进行协助安排交通等关怀服务。维修工作完成后,要按要求主动进行电话回访,代表经销商表达感谢及关心之意,同时确认客户的满意度。

倜若电话回访发现之前的服务有客户不满意之处时，客服专员要及时进行危机处理，做到防患于未然。更可以通过听取客户的声音，找出企业内部流程疏漏之处，既可以解决问题，也可以预防问题的再次发生。

通过这些工作，可以向客户成功地展现汽车维修服务企业的优质服务，体现服务工作的"专业性"和对客户服务的"便利性"，展现给客户"信赖感"及"价值感"，让每一个工作环节的服务人员，都能完善地分层负责，紧密结合，展现服务最好的一面。

规范对于一个汽车维修服务企业而言意味着能够形成标准、有条理化的管理体制，只有依靠优质的服务，才能赢得客户的信赖。"核心服务流程"是每一位服务顾问的工作准则，它让客户接受的每一次服务标准不会因为服务顾问的不同而有所差异。

1.1.2 服务团队

要做好维修服务工作，就要有一个服务团队。服务团队成员担负着各自的任务，扮演着重要的角色，如汽车售后服务组织机构（如图1-2所示）和汽车维修服务人员（如图1-3所示）。

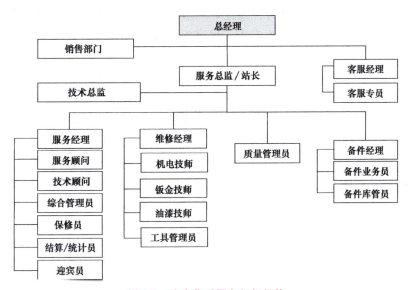

图1-2 汽车售后服务组织机构

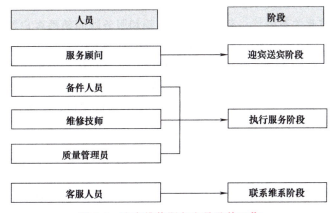

图1-3 汽车维修服务人员及其工作

1.2 服务顾问必备的知识和技能

汽车售后服务应该树立先进的服务理念，创立优异的服务品牌、营造先进的服务文化和打造出有特色的服务团队，并通过标准化作业，建立起具备差异化竞争优势的富有文化内涵的售后服务品牌。

在整个售后服务过程中，有许多的关键时刻关系到售后品牌传播，而良好的口碑是奠定售后服务品牌的根基。服务顾问作为"关键时刻"的"关键人物"，在整个售后服务过程中的服务质量优劣将直接影响公司的整体服务水平。

服务顾问在工作中应该遵从标准、注重细节，实现服务工作优质化。要在服务中坚持以诚信为本、以质量为中心、以客户最大便捷为原则，通过沟通挖掘客户的需求为导向，以向客户提供舒心和满意的服务为宗旨，降低客户用车成本为目标的服务。让客户享受超值的、得到朋友般的感情投入和高水平的车辆维修作业等优质服务。

服务顾问是客户和汽车维修服务公司联系的纽带，代表公司向客户提供的服务，所以服务顾问素质的高低将直接影响公司售后服务的信誉和经营状况，决定着客户的满意度，直接影响到公司的综合竞争力。因此，对服务顾问的要求和管理是汽车维修服务企业应该重视的工作。为了做好服务工作，提高客户满意度，服务顾问必须要具备下面的知识和技能。

（1）汽车专业知识和专业技能　服务顾问必须掌握汽车构造、汽车常见故障及其解决方法和汽车日常使用注意事项，了解维修项目所需时间及其价格，熟悉服务流程等。能够通过专业的表述和专业的操作，以及向客户提供专业的建议，保质保量地完成工作并且让客户建立对汽车维修服务公司和服务顾问高度的信赖感。

（2）良好的交流沟通能力　一个出色的服务顾问必须具备良好的沟通能力，首先要和客户进行充分的沟通，充分了解客户的需求，并通过和公司内部的维修车间、配件仓库和后勤等部门的充分沟通，将客户需求明白地表述，让各部门共同努力，完成维修任务，满足客户的需求。

（3）较高的忠诚度　客户将汽车交到服务顾问手上，服务顾问必须本着认真负责的精神，不管遇到任何困难都要尽最大的努力去完成客户所托之事。忠诚于客户是每位服务顾问必须具备的素质。

（4）能够与客户成为朋友　客户喜欢找相熟的、而且是服务满意度高的服务顾问为他提供服务，因为他们彼此关系融洽、获得客户的信赖和服务顾问熟悉客户及其车辆状况等。

服务顾问要避免成为单纯的"提供服务"的角色，要和客户建立起一定的"友情"，通过接车后陪同客户聊天，谈一些客户感兴趣的话题，向客户传递更多的汽车知识，在节日或客户的生日时，服务顾问要向客户发祝贺信息，或以个人名义寄贺卡向客户问候。

（5）成为汽车"权威"　要让客户接受服务顾问的维修建议，服务顾问必须在客户心中是"汽车权威"，这样客户才会相信服务顾问的建议。

（6）处理好公司与客户关系　一个出色的服务顾问要处理好公司和客户的关系。服务顾问在维护好公司的利益和声誉的同时也要注重客户的需求和感受。但当客户需求和公司利益发生冲突时，服务顾问要充分利用个人的魅力，向客户进行解释说服工作，但是要以客户的利益为重。

1.2.1 留给客户良好的第一印象

规范的服务礼仪是成熟品牌发展的必然要求。规范的形象、标准的服务礼仪是对客户的尊重。你尊重客户，客户也会尊重你，这样就能赢得客户的信任，使客户对你有一个好的第一印象，与客户建立友谊。文明的言语、举止规范的服务礼仪行为，是赢得客户的关键。客户可能会忘记你所说的什么，忘记你所做了什么事情，但是会永远记得对你的感受。其中留给客户的第一印象是非常重要的，留给客户良好的第一印象，能够使客户产生信赖感与安全感。

所谓第一印象就是初次见面时一瞬间给对方的感觉。这将会给以后与对方的交往带来很大的影响。我们是否有过这种体验，遇到有好感、给人好印象的人就会想与他交往，想更多地了解这个人。反之，对于说不出什么原因而就是不喜欢、没有好感的人，就没有兴趣与其继续交往。当客户看到我们时的一瞬间就会对我们做出评价：他令人有好感，似乎靠得住；这个人不知怎么让人觉得就是不对劲、不舒服。并且这个第一印象还会左右客户对服务企业的评价，以及决定着以后客户是否还能继续光临。

一般对第一次见面的人的评价主要有外表评价，尤其是穿着，仪表（面部、发型、服装等）；态度评价，如寒暄、礼貌、姿势等；语言评价，尤其是礼貌用语使用、表达的清晰程度等和谈话内容评价等。大多数的时候人们做这种判断时，以外观、态度和礼仪等方面的印象为主。不论谈话内容有多好，如果给人的印象不好，往往很难得到对方的信任。

因此，服务顾问要得到客户的认可，应该要留给客户良好的第一印象。

1.2.2 着装、仪容及仪表

员工在接待客户时要用规范的服务礼仪，要求统一着装、体现优雅的仪容仪表，其目的是为了体现服务品牌形象，也向客户传递出专业的服务态度以及良好的精神风貌。员工统一着装的主要要求见表1-2。

表1-2 统一着装的主要要求

性别	季节	上衣	裤装/套裙	鞋
男士	夏装	白色衬衣、领带	深色裤子（黑色、蓝色）	皮鞋（黑）
男士	冬装	白色衬衣、领带、西服套装	深色西服套装（黑色、蓝色）	皮鞋（黑）
女士	夏装	白色衬衣、领结	深色裤子或职业套裙（黑色、蓝色）	皮鞋（黑）
女士	冬装	白色衬衣、领带、西服套装	深色西服套装（黑色、蓝色）	皮鞋（黑）

妆容标准见表1-3。

表1-3 妆容标准

总体	头发：整齐洁净 气息：清香幽雅，没有异味 指甲：整齐洁净 衣服、皮鞋：整洁、有形 神情：笑容要发自内心，要真诚友善，自信而愉快
女性服务顾问	选择趋于自然的美，给人以大方、悦目、清新的感觉，适时喷洒清淡香水，但不可喷洒刺鼻或太浓的香水，以免客户反感 发型：干净整齐，发色不得过于夸张且不得披头散发 脸上可薄施淡妆 双手及指甲：应保持干净，避免涂抹鲜艳指甲油 饰品符合要求，不得佩戴夸张的饰物

续表

男性服务顾问	着装应整洁、大方,精神状态饱满,给人一种清新的感觉 发型:干净整齐,剪短发,头发前不覆额,侧不掩耳,后不及领;不染夸张发色,不允许剃光头 脸上:应保持干净,不得蓄留胡须 耳朵:耳朵内须清洗干净 眼睛:眼屎绝不可以留在眼角上 鼻毛:鼻毛不可以露出鼻孔 双手:保持干净,指甲修剪整齐不过长,上班期间不得佩戴夸张饰物 体味:应适时喷洒清淡香水以遮盖体味及烟味

统一着装的服饰标准见表1-4。

表1-4 统一着装的服饰标准

	要求	观察点
西装	忌脏	制服干净、整洁,定期或不定期的换洗
	忌皱	合身、整洁且熨烫平整,悬垂挺阔、线条笔直
	忌破	如掉扣、开线或形成破损等
	忌乱	如敞胸露怀,不系领带,高卷袖筒,挽起裤腿,乱配鞋袜等 西装的第一纽扣要扣住,上衣口袋不要插笔,两侧口袋最好不放东西,特别是容易鼓起来的东西如香烟、打火机等
裤子	是否变形	如膝盖处突出
	腰带	腰带是否破旧
衬衣	整洁	领口、袖口清洁,无破损和污渍
	打领带时,衬衣的所有纽扣都要系好	衬衣袖口、领口需漏出西服袖口及领口1cm左右 衬衣的下摆需均匀敷贴地掖入裤腰之内 衬衫袖子不能挽起
领带	领带长度合适	穿西装需打领带,领带置于西服上衣和衬衣之间,并使其自然下垂 下端的大箭头正好抵达皮带扣的上端
	颜色、款式	领带款式、颜色与西服、衬衫协调
鞋	整洁	黑色皮鞋,鞋内无味,鞋面无尘,鞋底无泥,鞋跟无磨损
	样式	女士鞋跟在5cm以下;严禁穿休闲皮鞋
袜子	整洁	干净,无破损且合脚
	颜色	女士着裙装时应配肉色长丝袜 男士着单色袜子(深色,最好为黑色)

1.2.3 行为举止

客户对服务顾问态度的评价主要有寒暄、礼貌和姿势等方面。一个人的动作习惯、举手投足、言谈举止,充分表示了他的风格,能真实地投射出他的素质修养和文化内涵等内在气质,如图1-4所示。

仪态是给人的视觉印象,是一个人的精神状况的反映。优雅正确的姿势,让人感到轻松自在。服务顾问的行为举止要求见表1-5。

任务1 认识汽车服务顾问

图 1-4　服务顾问形象

表 1-5　服务顾问的行为举止要求

	行为举止	图　例	要　求
表情	眼神、目光		目光平视、平和自然地注视客户 与客户交谈时,两眼视线落在客户的鼻间,偶尔也可以注视对方的双眼 恳请对方时,注视对方的双眼 为表示对客户的尊重和重视,切忌斜视或光顾他人他物,避免让顾客感到你非礼和心不在焉 道别或握手时,应该用目光注视着对方的眼睛
	微笑		微笑是一种基本的职业修养 能充分体现一个人的热情、修养和魅力。是最能赋予人好感,增加友善和沟通,愉悦心情的表现方式 微笑是一种魅力,可以缩短双方的距离,营造良好的交往氛围,是人际交往中的润滑剂 微笑要发自内心、自然大方、真实亲切
仪态	站姿礼仪		嘴微闭,面带微笑 抬头挺胸,下颚微收,目光平视前方(正前方 5m 处) 双肩舒展,双手下垂 双手交叉于身前(双手叠放于小腹前,左手搭在右手上)或垂于裤缝 双脚略微分开(男士身体挺拔直立,双脚开立与肩同宽;女士脚跟并拢成 V 字形或丁字形站立) 不倚靠物体

9

续表

行为举止		图 例	要 求
仪态	坐姿		坐姿端正；要给人以端庄、稳重的印象，使人产生信任感 从容就座，动作轻稳 不宜坐满 腰部挺起，上身保持正直 两眼平视 两腿平行，并拢 离座时轻缓，不宜发出响声
	行走		正确的行走姿势可以表现出一个人朝气蓬勃、积极向上的精神状态，呈现出一种健康的美 双肩平稳、轻盈、优雅、灵巧、平稳 上身挺直，直起腰部；下颌微收，两眼平视，面带微笑 重心前倾，摆动适当；直线行走，速度均匀 手指自然弯曲，手臂伸直放松，自然摆动，摆动幅度以 30°～35°为宜，速度适中，手臂摆动幅度不可过大 男性的脚步应稳重、大方、有力；女性的脚步应步伐从容，步态平衡，步幅适中，步速均匀，走成直线 不宜将双手放在口袋中
	手势		手掌自然伸直，掌心向上，四指并拢，拇指与四指可并拢或分开掌心，自然展平，手腕伸直，掌心和地面呈 45°，大臂与小臂呈 120°，大臂和上体呈 45° 在做出手势的时候要讲究自然流畅，手势要配合眼神表情，使手势与整个身体动作协调 用手势作产品介绍时要先上后下，先左后右，手势幅度适中，上界一般不超过对方的视线，下界不低于自己的胸区，幅度不宜过大，次数不宜过多
	引导礼仪		引导时一般站在客户的左前方 45°，身体转向客户一方，和客户保持 2m 距离 与客户步调一致 引导客户上楼时在客户的后方，引导客户下楼时在客户的前方

续表

行为举止		图 例	要 求
仪态	交谈时的距离		70~80cm(熟悉的客户) 1~1.2m(陌生的客户) 2个手臂长(站立时) 一个手臂长(坐着时) 一个半手臂长(一站一坐时)
	握手礼仪		把握手的主动权留给女士和年长者 握手的先后顺序是上级在先、主人在先、长者在先、女性在先；依尊贵顺序握手 同性、平级之间握手要主动，与异性及与领导握手要由对方主动 多人同时握手时应顺序进行，切忌交叉握手 握手时，迎上客户的同时伸出自己右手，手掌呈垂直状态，五指并拢，身体略向前倾 双目注视对方，面带笑容 保持一步距离，上身略微前倾，头要微低 握住后上下轻微晃动后松开 握住对方的手掌持续1~3s 男性间握手要用力，伸出右手，虎口相交，以手指稍用力 男性与女性握手要只握对方手指尖处，轻握两三下即可
名片	名片准备		名片要事先准备好(要放在名片夹里)，到时马上能拿出来 名片准备充足，放在衬衣左侧口袋(或西装内侧口袋)、专用名片夹内 口袋不要因为放置名片而鼓起来，不要将名片放在裤袋里，保证名片无折痕
	传递时机		初次见面时，不要忙于交换名片，应在自我介绍或经他人介绍之后进行名片交换
	递名片		起立站直，保持一步距离，面带微笑，注视对方，稍微朝前倾斜上身双手(食指弯曲与大拇指夹住名片左右两端)将名片递过去，一定要亲手递交 递名片时用双手把自己的名片送到对方胸前，名片的正面向着对方(名片上的名字反向对己，使对方接过名片就可阅读)，并口头介绍 递名片时手指不要挡住名片信息
	接名片		客户将名片递过来时，身体前倾，目光注视，手心朝上双手(坐下时起身接)接过名片并点头致谢 接到了名片后要仔细阅读，记住对方的姓名、职务，并稍加称赞 把名片慎重的收藏起来，切忌接过名片后一眼不看的随手乱放 对于名片中不认识的字，要谦虚的向对方确认，避免读错，如"实在对不起，请问您的姓名怎么念?" 妥善保管客户的名片，必要时可以在名片背面记录与客户认识的时间、谈话内容、爱好、习惯等，在后续跟踪和下次见面的时候能让客户感觉到对其的尊重

续表

行为举止		图 例	要 求
名片	同时交换名片		可以右手递名片,左手接名片
	同时与几个人交换名片		初次见面,可暂按对方席位顺序把名片放在桌上,等记住对方姓名后,及时将名片收好
	迎接或恭送（敬礼）	浅礼15°　普通礼30°　郑重礼45°	鞠躬礼 15°～45° 点头致意 举手礼

二维码1-1
服务顾问的仪容仪表和言行举止

微信扫一扫,
观看三维模拟动画,
听取专业话术录音

服务顾问接待客户的要求如表1-6所示。

表1-6 服务顾问接待客户的要求

步 骤	动 作	备 注
客户进入接待室时	看到客户时,要快速起立 亲切致意并问好(眼神关注对方) 第一时间介绍自己 面带微笑并招呼客户坐下 用亲切热情的谈吐、规范的举止,与客户交流,表现出体贴和善解人意 请教客户的称谓,主动询问客户来访目的并告知为客户服务的意愿	握手时双目应注视对方,微笑致意或问候:"您好!"
引导客户	按规范引导客户 面带微笑,行走时回头示意客人,手势指引客户行动方向,表现出尊重和关切之意 为客户指引方向时,使用离客户远的那条手臂 在拐弯处、有楼梯台阶的地方、路遇障碍,要回头招呼提醒客户	在拐弯处:"请这边走" 在有楼梯台阶的地方:"注意楼梯" 在路遇障碍时:"请您注意……"
面对客户时的礼仪	面对客户时,先向对方致意,友善地注视对方,得到回应后再进行自我介绍 使用文明敬语,亲切、友好、真诚 注意鞠躬、握手礼仪的规范 举止庄重大方,表情亲切友善,面带微笑,充满自信 自我介绍要清楚、谦虚、简练。热情。交代自己姓名、单位、部门、职务 注意介绍中尊者先知的规范,并传递必要的关怀 对客户要避免无称呼,或是不恰当的俗称、简称 注意与客户交换名片时的规范	

续表

步骤	动作	备注
通行礼仪	通行时要尽量靠右单行道行走,不要多人并排行走 服务顾问走在前面,若通道较窄,尊者面对走来,应主动停下靠边,面向对方,点头示意对方先通过,不可背朝对方 上楼在后、下楼在前 拉门在后、推门在前	
邀请客户入座	用手指示,为客户轻轻拉出并扶住椅子 遵照女士优先、长者优先原则	
饮料	询问客户需求,主动提供免费饮料 饮料倒八分满,手指不要触及茶杯口 使用托盘时,托盘不要置于客人头肩上方 俯身将茶杯置于客人右前方 随时注意观察客户饮料是否需要添加续杯	
休息室 招待礼仪	引导客户到休息室 向第一次来的客户介绍休息室设备 给客户多种饮料选择 使用托盘 维修时间较长的客户超过一小时要定时沟通 遇到追加项目、待料等特殊情况应及时与客户沟通	
交谈总则	一般情况下,要邀请客户坐下来交谈,及时奉上饮料	
交谈入座	从椅子左侧入座,腰部挺起,上体保持正直,头部保持平稳,双眼平视,下颌微收,双手自然放在膝盖上 坐下的动作应大方、自然、速度适中 坐下后,上半身应与桌子保持两拳左右的距离,坐满椅子的2/3,双手不要叉腰或交叉在胸前,腿脚不要不停抖动 坐下后,男士应上身挺直,双腿分开但不超过肩宽,双脚平行 女士若着裙装,入座前应将裙子微拢一下,双腿并拢,双脚同向摆放,也可双脚交叉置于一侧,双手相叠后放在左腿或右腿上	
在客户讲话的时候	上身适度前倾,两眼关注对方,此外还要用声音、动作去呼应对方的谈话,点头、微笑或用简短的提问启发对方以引起感兴趣的话题	
交谈表情	目光要真诚而含蓄,眼睛一般看到对方双眼到唇心的三角区域,目光柔和 不要长时间地盯着对方看,笑容发自内心,真诚、友善、自信、愉快,眼睛转动的幅度与快慢适中	
站立商谈时	距离客户1m较为宜,此距离可有效利用肢体语言,进而观察客户眼神	
语言	语音洪亮,语调柔和,语速适中,吐字清晰,表达正确	

二维码1-2
服务顾问接待
客户的要求

微信扫一扫,
观看三维模拟动画,
听取专业话术录音

1.3 与客户交流的语言技巧

语言表达技巧是一门学问,我们只有熟练掌握和娴熟运用语言表达技巧,才能在提供专业水准话术的基础上,凸显个性化服务,加强与客户的沟通效果,让客户在交流的过程中得到最佳的服务体验。

在与客户交流的过程中,客户服务人员要创造积极的、正面的谈话氛围,应该告诉客户"能够做什么",而不是"不能做什么",让客户感觉到我们是在真心地帮助他。因此,在客户服务的语言表达中,不能(至少是应尽量避免)使用负面语言,如不能说"我不能""我不会""我不愿意""我不可以"等,因为我们向客户说出一些负面语言的时候,客户就会认为你不能帮助他。

向客户寒暄时一定要让客户感受到你的敬意,做到"情、动、言"一致,即脸上要显得明快的表情,动作要干净利索,说话要有精气神。

在与客户交谈时,将两手在前面轻轻地握在一起,两肩自然放松,说话的时候挺直腰板,眼睛要有神。注意不要将手背在后面、不要将手插在裤袋里、不要拨弄手指和笔等或叉手跷腿。

接待客户时的服务基本用语见表1-7。

表 1-7 接待客户时的服务基本用语

话　术	含　义	要　求
欢迎光临	欢迎	表示衷心地欢迎客户光临的心情,要给人以明快,亲切,有诚意的印象
感谢光临	感谢	表现出感谢的心情
让您久等了	歉意	表示诚意
好,明白了	表示接受吩咐的心情	听了客户的要求以后表示自己明白了对方的用意,说时候要有热情和自信
抱歉,对不起	表示恭谦的心情	让客户做事的时候,略表歉意的时候,用来表示对客户好意的恭谦,表示对客户的尊敬,要根据情况用得恰到好处
请您稍等片刻	表示歉意和诚意	让客户等候时的用语,在这种场合要尽快回到客户面前以表达请客户原谅的心情
打扰您了	表示歉意和谢意	经客户面前通过的时候,向客户说话的时候,事情结束回去的时候使用

二维码1-3
服务顾问与客户交流的语言技巧
微信扫一扫,观看三维模拟动画,听取专业话术录音

1.3.1 正确的表达方式

不同的表达方式代表了说话者不同的态度,与人沟通时会产生不同的效果。通过学习下面的话术范例,体会常见的表达方法及其含义,逐步学会应用。

任务1 认识汽车服务顾问

范例　感情表达的形式

"欢迎光临！×先生/女士/小姐，您好！"是热诚之心的表示；
"是的，我了解"，是谦虚之心的表示；
"请稍候"，是体贴之心的表示；
"很抱歉"，是反省之心的表示；
"让我确认后，再向您报告"，是责任之心的表示；
"谢谢""×先生/女士/小姐，谢谢！再见。""谢谢光临！"是感激之心的表示；
"×先生/女士/小姐，如有疑问，欢迎随时与我们联络。"是诚挚之心的表示。

1.3.2 服务用语的表达技巧

服务用语的表达技巧见表1-8。

表1-8　服务用语的表达技巧

要　点	不规范的话语	规　范　话　语
善用"我"代替"你"	"你叫什么名字？"	"请问，我可以知道您的名字吗？"
避免使用命令的口气	"你必须……"	"我们要为您那样做，这是我们需要的。"
不能指责客户	"你错了，不是那样的！"	"对不起我没说清楚，但我想它××的方式有些与众不同。"
帮助客户时不能附加条件	"如果你需要我的帮助，你必须……"	"我愿意帮助您，但首先我需要……"
不要否定客户	"你做得不正确……"	"我得到了不同的结果，让我们一起来看到底怎么回事。"
勇于承担责任	"你没有弄明白，这次听好了。"	"也许我说的不够清楚，请允许我再解释一遍。"
不能说"不""我不能"		"我要做的是……""你能做的是……""看看我们能够帮您做什么？"
在遇着我们不是特别内行的事情时	"我不会做"	"我们可以解决一部分问题，但是另外的问题还需要专业技术人员来解决。""我们能为您做的是……""我们能为您做什么""我可以帮您做什么""我可以帮您分析一下"或"我可以帮您看一下"
不能有推诿的语言	"这不是我应该做的""我想，我做不了"	如应该正面告诉客户我们能做什么，并且非常愿意帮助他们
没有"但是"或"不过"	"您穿的这件衣服真好看啊！但是……"	出现"但是"或"不过"，就将前面的话否定了
要学会使用"因为"	"对不起，不行""对不起，不可以"	让客户接受建议时应该告诉理由 不能满足客户要求时要说明原因 "建议（不能）…，因为…"

二维码1-4
服务用语的表达技巧

微信扫一扫，
观看三维模拟动画，
听取专业话术录音

1.3.3 主动倾听的技巧

（1）倾听的重要性　倾听是一种情感的活动，它不仅仅是用耳朵听对方的说话，还需要通过面部表情、肢体语言，以及用语言来回应对方，传递给对方一个你很想听他说话的信息。

通过倾听，可以让对方感到受到尊重和关注，使之心情愉悦。

倾听时必须注意力集中，不仅只是倾听谈话内容，还要从对方的脸部表情和语调来了解和分析其观点，了解对方的需求。

（2）如何创建主动式倾听　主动式倾听是指倾听者依据已有的知识和经验主动地从发言者话语中寻找所需信息，构建完整的知识体系的方法。

主动倾听的特点是思维的活跃性、理解的双向性和交往的情感性。

通过主动倾听客户的述求，可以获得正确的客户信息，从而向客户提供合适的服务。因此，主动倾听是接待人员极为重要的工作之一。

注意，在倾听阶段中，先不要主观地评价客户或客户车辆的状况，同时也要注意不要只听自己感兴趣的内容而忽视其他内容。

主动倾听时要注意：

① 尊重发言者。倾听是相互的，每一个人既是倾听者，也是发言者。在别人发言时自己如果不主动倾听，那么当自己发言时，别人也不会倾听，因为尊重是相互的。

② 积极地听取不同意见。要避免受偏见的影响，应保持开放的心态，保持一种开放的心态能够大大提高倾听的效果，对别人不同的意见也应努力倾听。发言者看到别人尊重自己，就能激发他的自信，有助于他们更好地表达自己心声。

③ 在倾听中找出重点。将注意力集中在发言者的内容和观点上，抓住发言者的有效信息，寻找重点或中心概念，忽略一些无关紧要的部分。

主动倾听不仅反映了听者的态度，而且会产生较好的沟通效果。我们可以通过学习下面的话术范例，体会常见的表达方法及其含义，见表1-9。

表1-9　主动倾听的技巧

话　术	含　义	要　求
是吗	表示理解	用表情姿势告诉客户你在听，让客户放心，鼓励客户讲话
是这样啊		
那可太糟了	表示认同	使客户放心，获得信赖
我明白您的想法了		
噪声是从什么时候开始的？	询问	询问客户车的状况，详细确认明确客户的想法和意图
请再详细解释一下可以吗？		
是一周前，开始噪声的对吗？	确认	知道自己的理解是否正确
就是××的意思，我的理解没错，是吧？		
您询问的是××问题，对吗？也就是××	总结	总结讲话中的重要内容，确认客户和你的理解是否一致
您说的总结起来就是××对吗？		

二维码1-5
主动倾听的技巧

微信扫一扫，
观看三维模拟动画，
听取专业话术录音

1.3.4 通过提问理清思路的技巧

通过提问，能尽快找到客户想要的答案，了解客户的真正需求和想法；通过提问，也能尽快理清自己的思路，这对于服务接待人员至关重要。如："您能描述一下当时的具体的情况吗？""您能谈一下您的希望和要求吗？"这些问题都是为了理清我们的思路，让我们清楚客户想要什么，我们能给予客户什么样的回答。

（1）提问要有针对性　我们可以根据针对性的问题获得细节，帮助我们了解问题的关键，如了解客户的希望和要求，知道客户车辆的情况。例如，客户投诉说："刚刚修过的车，使用时发现车又坏了。"这个时候，接待人员可以询问客户具体的问题："您今天早上开车的时候，车上的仪表盘和故障指示灯是什么样子的？"这个问题就是针对性的问题。

（2）提出了解性问题　作为接待人员，提出了解性问题的目的是为了知道更多的信息，帮助接待人员分析问题和处理问题。了解性问题是指用来了解客户信息的一些提问，在了解这些信息时，要注意避免一些让客户可能会产生反感的问题，比如询问"您的修车发票是什么时候开的？""当时开发票开的抬头是什么？""当时是谁接待的？"等，这些问题客户不容易回答，容易使客户厌烦而不愿意回答，说"我早忘了。"

因此在提问了解性问题时，一定要说明原因，如："麻烦出示一下您的修车记录，因为要做登记。"使用"麻烦您……，因为……。"的语句，可以让客户确信回答了此问题对其有利而乐于回答。

（3）提出澄清性问题　澄清性问题是指正确地了解客户所说的问题"是什么？""到了什么程度？"

有时候客户往往会夸大其词，如："车修的太差劲了，到处是问题，修了还不如不修"等。接待人员碰到这样的客户，首先要提出一些澄清性问题，因为这时候我们并不知道客户所说的质量差到了什么程度，不知道具体的"度"就不容易作出正确的判断。遇到这种情况时就可以提问："请问您说的修理结果很差是什么程度，您能详细描述一下车辆现在的情况吗？"这样可以了解客户投诉的真正原因是什么，事态究竟有多严重。

（4）提出征询性问题　征询性问题是告知客户对于他所提出问题的初步解决方案。"您看我们这样解决好不好……？"类似于这种问题，就叫做征询性问题。当告知客户一个初步解决方案后，要让客户做决定，以体现客户是"上帝"。比如，客户抱怨车辆维修质量问题，听完客户的陈述后，接待人员就需要告诉客户一个初步的解决方案，如："您方便的话，可以把您的车子开过来，需要在维修车间做一下检查。"

运用征询性问题来结束对客户的服务，很多时候会让客户享受到"上帝"的感觉。

（5）提出服务性问题　服务性问题也是客户服务中非常专业的一种提问。这种提问一般运用在客户服务过程结束的时候。它可以起到使客户感到意外惊喜的效果。

例如，在为客户做完服务后，可以说："您看还有什么需要我为您做的吗？"起到完善服务的作用。服务接待人员要善于运用这类话术，体现优质服务，使客户满意。

（6）提出开放性问题　开放性问题是用来引导客户讲述事实的。比方说："您能说说车辆出现故障时的具体情况吗？""您能回忆一下当时的具体情况吗？"

一句话问出来，客户就滔滔不绝地讲开了，这就是开放式问题。开放式问题便于更详细地了解情况，或让客户说出一些接待人员忽略了的细节。

（7）提出封闭性问题　封闭性问题就是对客户的问题做一个重点的复述，是用来结束提问的。当客户叙述完毕后，接待人员说："您的意思是想重新更换零部件，是这样的吗？"这就是一个封闭性的问题。

1.3.5 电话沟通注意事项

在电话沟通中，我们和客户都无法看到对方，只能从对方的声音和谈话内容等方面来了解对方的状况。电话沟通是最困难的沟通方式之一，与客户电话沟通质量的高低，是接待人员能力的重要体现。通话的质量高低决定着是否能够有效地与客户沟通，决定着是否能够留住客户。因此，我们在与客户电话沟通时要注意以下问题。

① 准备好记录用的笔和便笺簿，做好电话记录。如果是主动向外拨打电话，应先整理好通话要点后再拨打；如果是接听对方电话，要用5W2H（或6W2H）的方法记录要点。为避免出错，应适时重复关键之处，特别要注意不要弄错同音字和近音字。

② 将"微笑"融入声音。与客户电话沟通时要坐姿端正、面带微笑，语气要温和亲切。使用普通话交谈，音量、音调和语速适当、吐字清晰。在通话过程中不时地用"是的""我明白"等简短的话语，表示自己在倾听客户谈话。

③ 服务内容介绍要熟练，专业术语要准确。注意减少使用或不用缩略语和过于专业的用语。

④ 接听电话要注意在电话铃响起三声之内接听，礼貌地问候对方，介绍公司、部门和自己。"您好，××特约店/服务站/汽车维修服务公司，我是××（职务）××（姓名），很高兴为您服务。""您好，×××客服部/续保部/客户休息室，请问有什么可以帮助您的？"

⑤ 接听电话时，要在确认接听者后再进行交谈，避免认错人造成尴尬；如果拨错电话，要向对方道歉。

⑥ 听不清对方谈话内容时，要立即将情况告诉对方，"对不起，通话不清楚，您能再重复一下吗？""对不起，刚才没有听清楚，请再说一遍好吗？"避免使用"哦？""啊？""什么"等语气词表示疑问。

⑦ 如果电话突然发生故障导致通话中断，在知道对方电话号码的情况下，务必回复对方，明确解释原因。

⑧ 拨打电话时，当电话拨通后，注意第一声问候及报上自己的公司及姓名，"您好，我是××特约店/服务站××，××（职务）××（姓名）。"

⑨ 善于从对方的语气、语调、语言中发现对方即将结束通话的意思。例如在一件事情陈述完毕后，对方出现几秒的沉默，表明对方有结束谈话的含义。结束通话前，要简要重复刚才通话的要点，用适当的语言提示对方挂机："还有其他我可以为您效劳的地方吗？"礼貌地结束通话："感谢您的来电，再见。"待对方挂断电话后再挂机。

⑩ 转接电话需要用专业的方式进行转接，首先礼貌问候对方，介绍自己的公司、部门和本人；询问呼入者姓名和将电话转给谁；当电话是由接线员转入时，只需介绍部门和本人，不需要介绍公司。

不要突然转接电话，转接前要说"请您稍等，我将帮您转给××先生/小姐"之类的礼貌用语。

在转接电话前，要先与第三人（第三人是指电话被转接到最后的那个人）确认，同时告诉第三人电话呼入者的姓名。在确认了第三人可以接电话后再转电话，并礼貌地告诉呼入者正在转接。在确定对方已经与要找的人通上话后才把电话挂断。

若对方要找的人在，则说："好的，请稍候。"

若对方要找的人不在时，应主动要求替对方留言。"对不起，他/她暂时不在。需要留下您的电话，让他/她回来后给您回电吗？"注意不要说你的同事"外出吃午餐""正忙""我不知道他在哪里"等。

若对方回答"可以"时，则说："请讲，我给您记下，一定转告。"

若对方回答"不用"时，则说："好的，欢迎您再次来电。再见！"

如果对方不知道应该找谁时，要问清楚是何事，找相关人员想办法解决。不要让对方有被推诿的感觉。

"您好！这里是××公司！"

"您是找××吗？好的，我马上给您转过去。"

"请稍候，我将为您转接"

"对方占线，请您稍等一下，马上再为您转接。"

"您是找××吗？好的，我马上帮您找一下，请您稍等。"

"他现在不在，我可以帮您留言吗？"

"他现在不在，如果方便，我可以为您效劳吗？"（在对方已经知道你身份的前提下）。

⑪ 要立即接听无人接听的电话，接听无人接听的电话可以提高客户满意度，如果对客户来电置之不理会使客户不满意。

接听无人接听的电话时，要礼貌地问候对方；自我介绍；向客户解释他（她）要找的人暂时无法接听电话，主动向客户提供选择：留言、呼叫或回复电话等；如果客户留言要按5W2H（或6W2H）的方法记录重点，最后要与客户确认，感谢客户并等客户先挂机后自己再挂机。

⑫ 抱怨处理的方法及技巧。

要使用拒绝技巧，对客户说"我要做的是……"告诉客户"你能做的是……"。

在接听投诉电话时不得匆忙打断客户的谈话，或者让客户"找×××部门解决"。必须耐心听完对方诉说，然后说："发生这样的事，很对不起。您反映的问题我已作了记录。我会马上向有关负责人汇报，尽快给您答复。请留下您的联系电话。"并详细询问、记录投诉内容（发生的时间、地点、经过、车辆情况、对方车号和电话等信息）。

二维码1-6
沟通技巧

微信扫一扫，
观看三维模拟动画，
听取专业话术录音

⑬ 选择合适的通话时间，要避开客户休息、用餐的时间，而且最好别在节假日打扰客户。

任务要点总结

流程是解决"怎么做"的问题，就是怎么更好地实现决策的目标。

流程图是一种描述工作过程顺序的图形，直观地描述了一个工作过程的具体步骤，反映的是流经一个系统的信息流、观点流或部件流。

汽车售后服务应该创立优异的服务品牌、营造先进的服务文化和打造出有特色的服务团队。服务顾问是售后服务过程中"关键时刻"的"关键人物"，他的质量将直接影响整体服务水平。

文明的言语、举止规范的服务礼仪行为，是赢得客户的关键。留给客户良好的第一印

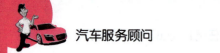

象，能够使客户产生信赖感与安全感。

思 考 题 ▶▶

1. 流程的作用是什么？
2. 做好汽车售后服务的关键点是什么？
3. 如何给客户留下美好的第一印象？

练 习 ▶▶

1. 根据表1-8所示的原则和方法，设计"客户车辆使用问题咨询""客户投诉"和"客户回访"等内容的话术，分组练习。

2. 根据表1-9所示的要点，设计"客户车辆故障问诊"和"车辆维修内容的确定"等内容的话术，反映客户的需求，分组练习。

任务 2

维修预约

导入案例

【导入案例 2-1】 客户不愿意预约

预约专员小王按计划对客户李先生进行例行保养预约。

小王："李先生您好，我是×××公司预约专员小王。"

李先生："你好。"

小王："李先生，根据我们系统提示，您的车快到例行保养时间了，请问您什么时候有时间来做保养？"

李先生："谢谢你的提醒，我不用预约，有时间我会去做保养的。"

小王向李先生说明了预约的优势，李先生还是不愿意预约。小王接着问道："李先生，您为什么不愿意预约呢？"

李先生："如果预约了则会限定我的时间，而且你让我预约也没有给我费用上的优惠和特殊的待遇，所以我不愿意接受预约。"

小王见客户对预约持反感态度，也就不想再说什么预约的事情了，只有结束谈话，对李先生说道："李先生，谢谢您接听电话，如果您有什么需要我们做的请联系我，再见。"

思 考

1. 为什么李先生不愿意预约？
2. 为了说服李先生预约，小王应该怎么做？

【导入案例 2-2】 客户预约后爽约

　　小王预约客户陈先生在 3 天后进厂做例行保养,陈先生爽快地答应了。3 天后陈先生没有按约来到。小王很失望,心里琢磨着:为什么客户不遵守承诺呢?

思　考

1. 分析哪些原因会造成客户爽约?
2. 如何保证预约客户准时赴约?

【导入案例 2-3】 维修预约

　　李先生来到一家汽车维修公司准备对车辆进行维修。当他进入维修接待处时,发现有几位客户在排队等待维修。他等了约 1 小时才开好维修委托书。但是当他将车开进维修车间后,车间主管告诉他半个小时后才能对他的车进行检查。因此李先生决定不修车了。

　　几天后,李先生接到另一家汽车维修公司的电话,询问他车辆的使用状况。李先生说明了车辆状态并希望尽快进行维修。经过沟通后,李先生同意了对方提出的维修方案和估价估时,确定明天 9 点进行车辆维修。

　　第二天上午 8 点,在做好了接待准备和维修准备工作后,公司的服务顾问打电话给李先生进行预约提醒,李先生答复准时到达。

　　当李先生 9 点到达时,服务顾问热情接待了他,并拿出早已准备好的维修委托书,请李先生过目、签字后将车辆送入维修车间。

　　维修车间早已为李先生的车辆准备好了工位和维修技师。由于准备充分,维修技师很快地排除了故障,前后用了不到半个小时。

思　考

1. 请评价两个维修公司的做法。
2. 维修预约的主要作用和主要工作内容有哪些?

任务2 维修预约

【导入案例2-4】 首保预约

张女士准备给车辆做首保,拨通了×××4S店的服务电话。

"您好,×××4S店。请问有什么事情吗?"

"我想给车辆做保养,另外……"

"请等一下,这事不归我管,我帮您转接另一个电话。"

张女士等待着电话转接,在等待中电话里播放着新车型推介广告。

"请问有什么需要帮助吗?"电话转接成功后传来了对方的话语。

"三个月前我买了辆车,我想该进行首保了吧。"

"请问您的姓名?"

"张宇"

"是什么车型?"

"2015款××。"

"车辆识别代码是什么?"

"我不知道。"

"行驶里程多少?"

"有4千多千米了。"

"是需要来做保养了。您想什么时候过来?"

"明天上午可以吗?"

"稍等一下,我查查计划……明天不行,预约排满了,下周一可以吗?"

"可以。"

"好的,下周一见"

"请等一下,我车辆的玻璃洗涤水不能喷出来,也要维修……"

"好的,还有其他问题吗?"

"我几点钟去?"

"上午9点来吧。"

"需要多长时间?"

"差不多要1个小时。"

"好的,谢谢,再见。"

思 考 ▶▶

上面的案例中,×××4S店的工作中有哪些做法不符合规范? 规范的做法是什么?

> **案例启示**
> 1. 汽车维修服务企业要建立客户档案，根据客户档案进行保养预约。
> 2. 在保养预约时还要询问客户是否还有其他要求。
> 3. 要有维修预约电话并且告知客户。转接预约电话要快。
> 4. 与客户交流时要使用礼貌用语。

学习目标及要求

掌握维修预约的流程及要求；掌握预约服务应具备的知识和能力；熟悉维修预约的工作规范和预约的工作重点。

通过维修预约的学习，掌握通过了解客户的服务需求并确定服务方案的方法；熟悉提高服务质量、减少客户的非维修等待时间和提高客户的满意度的方法。

学习内容

2.1 维修预约认知

2.1.1 维修预约概念

预约是"约定将来订立一定契约的契约"。通常把将来要订立的契约称为本约，而以订立本约为其标的的合同便是预约。

汽车维修的预约就是指汽车维修服务企业受理客户提出预约维修请求，以及客户说明自己的服务需求和期望接受服务的时间；或者汽车维修服务企业通过客户管理卡和计算机中存储的客户档案，向客户提供定期保养提醒及保养预约等服务。

预约工作一般由预约专员（或由客户服务专员、或服务顾问轮流兼任）负责，预约地点在预约室（如图2-1所示）或接待现场，通过互联网、电话或现场预约等方法进行预约。

图2-1 预约室情景

任务2 维修预约

维修预约可以分为主动预约和被动预约。

主动预约是指汽车维修服务企业根据掌握的客户档案，主动与客户进行联系，了解客户车辆的使用状况，为客户制定一套维修保养计划，并邀约客户进行维修保养且与客户达成预约。

主动预约的目的是提醒客户注意车辆的使用情况，按时进行相关的维修作业，保证车辆的正常使用。因为现在有很多车主不是很了解车辆的正确使用方法，他们不知道或者忘记了什么时候应该做保养，更不知道车辆存在故障隐患时也需要及时进行维修。

被动预约是指客户在使用车辆时发现车辆有故障；或者车主查看车主手册或有车载电脑的保养提醒，得知应该做保养了。为了避免维修保养时排队浪费时间，客户就会与汽车维修服务企业联系预约，以便汽车维修服务企业做好准备，保证按时进行维修保养作业。

预约的方法有电话预约（是指通过电话的方式进行预约）和现场预约（是指客户在服务接待处进行预约）等。

通过维修预约，可以提高服务质量和服务效率，形成汽车维修服务企业和客户双赢的格局。

对进行维修保养预约的客户，预约专员应在客户和汽车维修企业都方便的时间安排维修保养。针对客户的需求，汽车维修服务企业做好相应的准备，使预约客户得到及时的、专属的接待。

做好预约工作，可以有效控制各时间段维修保养的客户数量，削峰填谷，使维修企业的工作量趋于均衡；可以使服务接待工作秩序井然，服务顾问从容地接待客户，同时做好准备工作，为客户提供更好的服务；客户可以按照预约时间到达，无需排队等待而快捷地享受服务。

为方便客户记住预约电话，经销商应该提供一个直拨固定电话作为预约电话，此电话应放在客户关系部。汽车维修服务企业的员工应熟练背诵此号码，以便向客户宣传预约。

通过预约，客户和汽车维修服务企业都可以得到好处，客户可以获得如下好处：

① 保证服务质量和服务时间。预约时汽车维修服务人员可以通过电话等远程手段对客户的车辆情况进行询问和诊断，做好准备工作，保证有充裕的时间对客户车辆进行检查和维修，确保车辆的维修质量和工期。

② 缩短客户的非维修等待时间。如果进行了预约，客户来到汽车维修企业就能够得到及时的接待，不用排队，给客户提供了便利。同时留出充裕的时间完成车辆的预检，使客户能够获得比较好的维修建议。

③ 保证交车时间。通过预约，汽车维修服务企业可以合理安排工作，提前做好准备，避免了因为准备不足而影响交车时间。

④ 明白消费。通过预约，客户可以知道维修保养的内容、标准、维修保养作业时间和大概费用，消除客户的疑虑。

通过维修预约，汽车服务企业可以获得如下好处：

① 工作按照计划进行，避免服务瓶颈的出现，保证交车时间。通过预约，可以充分利用汽车维修服务企业的资源和合理分配每天的工作量，如合理安排维修技师、维修工位和维修时间，提前准备好配件，提高工作效率和设备利用率。

② 减少配件库存。通过有计划的维修保养安排，合理地准备维修保养配件，在保证工作需要的前提下，减少备件的库存。

③ 可以让客户明白消费，降低服务成本，提高客户满意度。

通过维修预约，服务顾问可以获得的好处是：工作的计划性增强，可以合理安排工作，提高了工作效率，有时间更多地关照客户，从容地进行服务和向客户推介产品及服务。

2.1.2 建立客户档案

要做好维修预约工作，必须要建立完整的客户档案。客户到公司进行维修保养或来公司咨询、商洽有关事宜，在办完有关手续或商谈完后，业务部应于二日内将客户有关情况整理制表并建立档案，并妥善保管。

通过研究客户档案资料，可以了解客户车辆的相关信息，推算出客户车辆的保养时间、保险续保时间和消耗件的更换时间等信息，找出下一次服务的内容和时间并告知客户。同时可以邀请客户参加公司举办的联谊活动、告之客户本公司的优惠活动和通知客户汽车免费检测等信息。

客户档案资料的内容包括客户姓名、地址、电话、送修或来访日期、送修车辆的车型、车牌号、维修保养项目、保养周期、下一次保养时间、客户希望得到的服务和车辆的维修保养记录，具体参考"客户档案资料表"（见表2-1）。

表 2-1 客户档案资料

客户档案资料表			
客户姓名	客户地址	客户电话	首次送修日期
维修类别	VIN	车型	车牌号
维修记录			
送修日期	维修项目	下一次保养期	送修人	客户意见

客户希望得到的服务：

备注：

售后服务是现代汽车维修服务企业服务的重要组成部分，做好售后服务，不仅关系到汽车维修服务企业的利益，更关系到客户能否得到满意的服务。

2.2 维修预约流程

2.2.1 维修预约流程介绍

维修预约工作的目的是就车辆的维修项目（维修项目主要包括维修内容、预估费用、预估作业时间和预约维修时段）在客户和汽车维修服务企业双方达成一致。

维修预约流程实施主要是流程的实际操作运行，要注意宣传培训、现场指导和检查控制等环节。

2.2.1.1 维修项目确定

被动预约时，预约专员在接到客户的预约电话时，首先要说明自己所在的部门并介绍自己，然后了解客户信息和客户车辆信息并记录；引导客户说明需求或描述车辆故障现象。客户信息和客户车辆信息主要包括客户姓名、联系电话、车型、车牌号、车辆出厂日期、行驶里程、车身颜色等与服务工作相关的且客户方便回答的信息。

主动预约时，预约专员应该提前找出客户资料，包括客户个人信息和车辆维修档案等，并且做好必要的摘录；核对已经列出的本周无法实现的预约内容。同时准备好记录工具。

在确定预约时间时，当发现客户要求的预约时间无法满足时，预约服务人员应主动告知客户并提供可供客户选择的确切时间；若出现当时无法提供可供选择的确切时间时，预约服务人员应该向客户说明待进行内部协调、确定了可供选择的时间后的第一时间与客户联系，并向客户发出预约邀请。

在估价与估时时，对客户的需求进行分类处理，针对客户的需求进行估价与估时描述。

对于保养或小修的内容，若客户认可了预约估价和估时后，预约专员应该再次与客户确认联系电话与维修预约时间后与客户道别。

若维修内容比较复杂则需要进行内部协调处理。此时，预约专员告知客户需要进行内部协调，并征得客户同意后请客户等待回信。

预约专员将故障现象转入车间，由车间进行诊断分析，制订相应的维修计划。配件部根据车间制订的维修计划，落实配件。若缺少某种配件，必须订货并告知大致的配件到货时间。

获得这些信息后，预约专员再次与客户进行联系，告知客户维修计划。如果客户认可了维修方案和估时估价（估价主要要说明总价与明细）后，预约专员再次与客户确认维修预约时间后与客户道别。

2.2.1.2 通知相关人员做好准备

预约专员将成功的预约告诉接待主管，由接待主管分配接车任务，通知车间和配件部做好准备。

服务顾问在预约日期的前一天确认车间与配件准备情况，包括人员、设备、工具、场地、零部件及相应的辅料等。

具体的预约流程参考图2-2～图2-4。

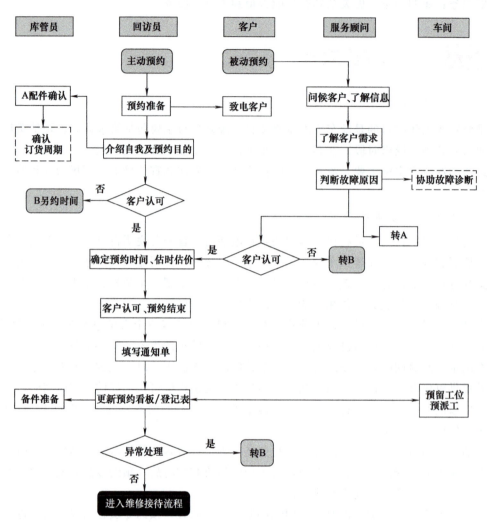

图 2-2 预约流程

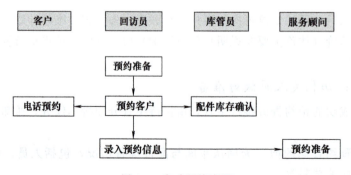

图 2-3 主动预约流程

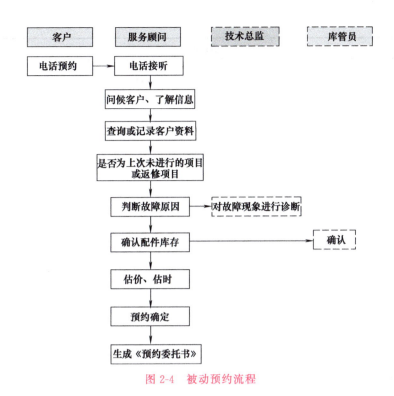

图 2-4 被动预约流程

2.2.2 预约工作的基本原则

2.2.2.1 预约注意事项

① 认真接听客户预约电话。预约专员首先要记录客户的相关信息，明确维修保养工作内容、与客户商定具体的维修保养时间，并告知较为准确的费用估价。若需要准备价值较高的配件时，应该请客户预交定金。

② 明确无法进行的工作。根据公司情况，确定无法实现的预约内容，告知客户并建议解决办法。

③ 预约后的工作。完成预约确定后，填写相关工作表格，如"汽车维修预约登记表"（见表 2-2）。负责进行预约业务的协调、内部确认，通知车间做好工位、配件、维修工具及设备、维修技师和技术资料等方面的准备工作。

表 2-2 汽车维修预约登记表

汽车维修预约登记表			
客户基本情况			
客户姓名		联系电话	
车型		行驶里程	
车牌号		上次维修日期	
登记时间	年 月 日	预约维修时间	月 日 点 分
预约内容及要求：			

续表

听诊内容	
维修保养或故障内容：	所需配件(零件)：
维修费用估价：	

备注：

内部确认信息	服务顾问		维修班组	
	配件确认		预计交车时间	年　月　日　时

预约人员签名：

表 2-3　汽车维修预约统计表

汽车维修预约统计表

＿＿＿年＿＿＿月＿＿＿日

序号	预约维修时间	客户姓名	联系电话	车牌号	车型	颜色	主要维修项目	预计工时	预计交车时间	预排班组	接待人员	登记人

上述工作完成后,对预约情况进行汇总,填写"汽车维修预约统计表"(见表 2-3),定期上报至主管经理处。

④ 做好预约跟进及确认工作。预约时间临近时,应联系客户,提醒预约时间,确认客户是否执行预约。

若为现场预约,预约专员与客户达成意向后,填好"汽车维修预约登记表",并请客户签字确认。

⑤ 返修车辆的预约要优先考虑。

2.2.2.2 预约时间控制

预约客户到达的时间应错开 15~30min,以便留有适当的时间完成相关工作(如填写表 2-4"汽车维修施工单")和服务未预约的客户及维修延时。

表 2-4 汽车维修施工单

汽车维修施工单							
维修单号:							
车主姓名		车主电话		送修人		送修人电话	
车主地址				送修时间		预计完工时间	
车型		车牌号		VIN 号		发动机号	
颜色		行驶里程		购车日期		索赔单号	
维修操作							
序号	作业内容	工时	开始时间	检测数据	结束时间	维修人	是否索赔
							□是 □否
							□是 □否
							□是 □否
							□是 □否
							□是 □否
							□是 □否
							□是 □否
							□是 □否
							□是 □否
费用估算							
配件领用							
配件名称		数量	配件名称		数量	配件名称	数量
备注(含追加项目):							
追加项目客户签字:							
服务顾问签字				客户签字			
质检员签字				索赔员签字			
声明:本单中的费用为最初估算金额,实际结算金额以结算单为准。				服务经理签字			
VIN 号粘贴区域							

控制好维修技师的工作量。预约的维修保养工作时间一般不能超过维修技师全部可用时间的 80%，以便留有足够的时间来服务未预约的客户、完成紧急维修和应对维修工作的延时。

预约客户等待时间不宜超过 3 个工作日。

链接　沟通时间与期望时间

> 沟通时间是指客户和汽车维修服务企业进行预约沟通时的时间；期望时间是指客户希望的维修保养时间。
>
> 沟通时间与期望时间的间隔为 24～72h（即预约客户等待时间不超过 3 个工作日）较好。

链接　如何缩短客户非维修等待时间

> 排队等待服务是客户经常碰到的事情，也是每个汽车维修服务企业必须解决的问题。因为等待时间过长客户容易产生抱怨，也会影响汽车维修服务企业的成本和收益。缩短客户非维修等待时间的方法有：
>
> （1）实行预约。通过预约，可以使客户不用排队等待服务顾问的维修接待。
>
> （2）设计排队系统。为了保证"先到先服务"的排队规则顺利进行，可以由专人负责协调。
>
> （3）做好硬件设施与环境建设，使客户度过愉快的等待时间。客户为了保证预约时间一般会提前到来。在客户等待时，汽车维修服务企业要设置舒适的休息室供客户等待，降低客户的焦虑情绪。

2.2.2.3 预约服务的保险设计

维修预约可以调节客户来厂的时间，合理安排企业作业计划，既能使客户得到快捷、优质的服务，又能使企业的服务能力得到最大利用。

但是，如果出现了大量不遵守预约时间的客户，也会打乱原定的计划，使现场更加混乱。为了避免这种情况的发生，我们应该要做好预约服务的保险设计工作以应付这种情况的发生。

预约专员和服务顾问在预约时间临近时要主动提醒客户。客户预约后可能会忘记赴约，服务顾问应该在客户预约日期前一天打电话提醒客户赴约，甚至还应在预约日期当天再次提醒客户，确认客户是否赴约，以便合理安排客户车辆维修时间，提前做好相应的准备工作。

链接　提醒服务

> 提醒服务是汽车服务维修企业主动与客户进行联系并告知一些事项的服务方式。
>
> 通过提醒服务，可以向客户进行预约提醒，刺激客户的需求或告知客户一些注意事项，提升客户满意度与忠诚度。
>
> 提醒服务的内容有换季和天气突变等提醒、节假日祝贺、信息发布（促销、服务活动等）、保养提醒（根据客户车辆档案信息，向客户提醒下次保养时间及保养建议，对未实施保养的项目再次进行说明）和宣传预约等。

2.3　预约的推广

为了提高预约率，预约专员应该在工作中加强预约服务的宣传力度，让客户知道预约的好处。

① 加强预约管理的宣传力度。

② 制订有效、可行的预约流程,方便客户预约。

③ 吸引客户预约,调节客户来厂时间。推出低峰时段预约维修保养工时费优惠等活动,对成功预约的客户给予适当优惠或赠送小礼品。

④ 在客户休息区和互动接待区等明显的地方,悬挂有关宣传预约展示板,欢迎预约客户,让已预约的客户有被重视的感觉。在客户接待区和客户休息区放置告示牌,宣传和提醒客户预约,尽量让所有客户都知道预约的好处并记住预约电话,以提高预约率。

表 2-5 预约管理看板

维修时间	客户信息				维修内容	预约准备情况				预约前 1h 确认	备注
	姓名	车牌号	电话	车型		服务顾问	维修技师	配件	工位		

客户服务中心经理签名:

⑤ 跟踪回访客户时,宣传预约业务,让更多的客户了解预约的好处。

⑥ 经常向未经预约直接入厂的客户宣传预约,鼓励客户预约。在接待未预约的客户时,要尽量满足客户期望,提供人性化的服务,同时要通过"预约管理看板(预约排班表)"(见表 2-5)的使用,把已经安排作业的工位及施工时间标注出来,让客户知道预约的合理性和先进性。

话术　宣传预约

> 您请看，这是我们的预约管理看板，在9：00～15：00时间段我们工作都已安排满了，考虑您今天要接待您重要的客户，通过与车间商量后，我们准备在中午加班对您的车辆进行维修，尽量在14：30左右交车。下次欢迎您预约，以免耽误您的用车时间。

2.4 预约服务人员的能力要求

2.4.1 观察能力

预约专员和服务顾问要有敏锐的观察能力。主要体现在目光敏锐、行动迅速、善于察言观色。其目的是理解客户的主要需求，提供优质服务。

通过与客户接触，真正地了解客户，要发掘客户的潜在需求，说明或推介有可能进行的其他服务项目。

2.4.2 沟通能力

沟通是为了一个明确的目标，利用一定的渠道，通过双方的信息、思想和情感交流，达成共同协议的过程。

预约专员和服务顾问在与客户沟通时必须保持良好的情绪，要有愉快的心情、发自内心的微笑和温馨的话语。

电话沟通时应该使用明快、亲切的语调与客户礼貌交谈。接听客户电话时要向客户介绍自己和公司："您好，欢迎致电××4S店，我是服务顾问××。"

要及时接听客户电话，电话铃响三声内接起电话，否则首先应该向客户表示歉意："您好，很抱歉让您久等了！欢迎致电××4S店，我是服务顾问××。"

接听客户电话时要积极地倾听。积极倾听的目的是了解客户需求，包容和理解客户的情绪。不要经常随意打断客户说话，但可以适当提问题，适当做记录，积极重复所听到的内容，询问客户意见。

二维码2-1
预约服务人员
的能力要求

微信扫一扫，
观看三维模拟动画，
听取专业话术录音

与客户交流时要用正确的方式提问了解客户及其车辆的有关信息，验证客户是否理解自己的意思，明确客户是否对正在进行的话题感兴趣。常见的提问方式及其优缺点见表2-6。

与客户交流时不能使用"你好像不明白……""你搞错了……""我们公司规定……""我们从没……"等形式的话语。

表2-6　常见的提问方式及其优缺点

提问方式		优　点	缺　点
开放式	范围广泛，不能用"是"或"不是"回答	引出对方兴趣；改善气氛让客户感觉轻松；获得更多信息	容易跑题、缺乏重点、浪费时间；难以找到问题的核心
封闭式	回答"是"或"不是"	节省时间，答案明确；容易控制谈话局面	有被盘问的感觉，可能产生新的冲突；无法相互妥协，可能被拒绝；只能得到一个信息"是"或"不是"

续表

提问方式		优点	缺点
选择式	给客户两种以上方案,让客户选择	可以自行选择,感到有主动性	如果选择范围不是客户需要的,可能会再次引起新的冲突
建议式	先设问,后给出建议	总结、概括时多用	客户感觉被强迫,有压抑感;有时会影响与客户的关系;不宜经常使用

2.4.3　与客户达成共识

与客户沟通的目的是为了成功地说服客户,并就某一问题与客户达成共识。为了与客户达成共识,沟通时要遵循一定的原则和应用一定的交流技巧。

首先要明确客户的需求。要鼓励和引导客户表达自己的想法,通过分析归纳客户信息,提炼出客户的主要需求。

针对客户需求,结合实际情况,提出能够为客户着想的和具有吸引力的最佳维修方案。

其次是说服客户接受解决方案时,预约专员或服务顾问要介绍本公司的概况,说明能够带给客户的利益,使客户相信能够得到更省钱、更省时、更方便、更舒适、更安全和更可靠的服务。

在与客户沟通时要注意避免和克服沟通障碍,正确对待客户的疑虑,在处理客户的疑虑时要有诚意,要站在客户的立场上理解。只有理解和尊重客户的想法,才会收到好的沟通效果。针对客户的疑虑和怀疑,在表述时要注意只需表明自己知道了客户的观点即可,不要表达出肯定或赞许的含义。面对沟通误解,要了解误解产生的原因,要多从自己身上找原因。

注意,对客户的不同意见要表现出友好的态度,对于情绪激动的客户要平和对待,绝对不要与客户发生争执。

2.5　预约流程的实施

主动预约的责任人一般是回访员,同时考虑到终端运行的实际情况,汽车维修服务企业的服务热线电话一般放置在前台接待处,所以被动预约电话的接听工作大多是由服务顾问来完成的。

2.5.1　预约流程关键点

由图2-2~图2-4可以得到预约流程的关键点是预约准备、预约实施、预约确认和履约准备等。

预约准备的主要工作是通过售后服务管理系统(DMS)导出当月的《日流量分析表》,通过月度日流量分析,形成分析结论。

预约实施的主要工作是问候、确认客户需求、与客户确认日期及时间、询问及说明作业时间、最终确认及报价和电话结束和记录信息。

预约确认的主要工作是内部确认和向客户确认。

履约准备的主要工作是预约信息公示、预约准备项目和履约核实。

2.5.2　预约流程的步骤和执行标准

从预约流程我们可以知道,可以根据客户流量制订预约计划,做好预约准备、预约实施、预约确认和履约准备等工作。预约时要与客户就维修保养内容、作业时间、报价等内容进行确定。

2.5.2.1 预约信息的获取

在工作中，能够获得客户需求信息的渠道一般有：客户主动来电预约、主动关联转化为预约、客户来电咨询服务问题、客户投诉、保险公司传递的保险案件和其他服务活动等。

在获取客户服务需求信息后，需要将这些信息以电话转接或文档等方式传递给客户关系部。

如果是客户关系部在主动关联或回访过程中获取的客户需求信息，则直接登记安排预约。

在确定预约时，要根据车间的作业容量定出具体作业时间（即具体到哪一天，哪个时间段），以保证作业效率，并使每日的作业量尽量均衡，使车间维修作业量趋于均匀。

除此之外，在用户来店之前还需根据预约时间编排准备工序，汇编整理成为预约和维修管理的基础资料。

2.5.2.2 与客户确认信息

在与客户交流时，客户关系部工作人员应该完成如下工作内容：询问并记录客户的姓名、联系方式、车牌号、车型和行驶里程等信息，并通过管理系统予以核实，并了解客户车辆的维修记录。

在了解了客户及其车辆的信息后，接着要了解客户的需求，确定维修方案。当无法确定维修项目时，也应尽量描述清楚车辆的故障现象，并且请客户来厂检查及确定其车辆的维修方案。

对于不能准确判断的故障，也应该请客户到厂，对其车辆进行检查后确定维修方案。

对上述内容和方案进行最终确认及报价，即按统一收费标准向客户说明预估维修费用，确保客户能够了解该费用所包括的具体内容。

为了提高服务质量，应该按照了解的客户信息，根据具体情况确定接待预约客户的服务顾问。若客户有熟悉的服务顾问，尽量为客户安排；首保和二保等行驶里程较少车辆，选择第一印象满意度高的服务顾问接待；行驶里程较多、久未回店维修等车辆，选择综合能力强的服务顾问接待。

根据约定的服务顾问和维修项目，合理安排作业时间，尽量提供维修作业低谷期的空闲时间给客户选择，达到削峰填谷的作用。

要与客户就维修作业的日期及时间段沟通达成一致。如不能满足客户要求，则与客户另约时间。预约日期及时间确认参考表2-7。

表2-7 预约日期及时间确认

与客户确认日期及时间		
工作要点		话　术
询问客户预约日期及时间		服务顾问："××先生/女士,请问您希望哪天哪个时间段做这次保养呢？" 客户："我希望在9日下午3点左右。"
根据《汽车维修预约统计表》，判断能否满足客户要求维修保养的时间	可以接待,服务顾问复述并确认客户提出的日期及时间	服务顾问："好的,9日下午3点,您到时可以来,是吗？"
	无法接待,服务顾问应该向客户说明原因,并向客户建议其他日期,直到提出的日期和时间客户认为方便为止	服务顾问："很抱歉,这个时间已经预约满了,你在9日下午4点或10日某个时间段,可以吗？"

任务2 维修预约

确定及向客户说明交车时间。在受理维修保养预约时，要根据车间当天的作业容量（技术工人数×作业时间）及配件供应状况、客户要求事项和指定时间在内的预约条件，确定预计交车时间，具体参考表2-8。

表2-8 确定交车时间

工 作 要 点	话 术
确认日期和时间后向客户表示感谢，并询问客户车辆是否存在其他问题，如果车辆存在问题，应该详细而准确地记录客户的原话，并向客户复述以确认	服务顾问："谢谢。请问您的车辆还有其他问题吗？"（这样能体现出对客户无微不至的关怀，能给客户留下良好的印象）
向客户说明维修作业所需的时间，并确认客户是否需要接送服务	服务顾问："如果没有其他问题,您的车辆的保养时间大约需要1个小时,您看行吗？" "您需要接送服务吗？"

2.5.2.3 预约登记

预约电话结束前，再次确认客户和客户车辆的信息；确认客户的到厂日期、时间及服务项目。结束谈话时，向客户表示感谢："感谢您今天的预约，届时我们将恭候您的光临。再见。"等客户挂机后才能挂机。

通话结束后在《汽车维修预约登记表》中记录客户预约信息，对于返修和抱怨客户、特别维修活动、紧急情况予以标注。

2.5.2.4 填写预约欢迎看板

为了引起客户注意，并彰显预约客户的尊贵，汽车维修企业应该在互动接待区（接待大厅）放置"预约欢迎看板"，在"预约欢迎看板"上写出预约客户的姓名、预约到店时间和车牌号等内容，因此，预约欢迎看板要保持实时更新。"预约欢迎看板"样式如表2-9所示。

表2-9 预约欢迎看板

欢迎预约客户来到××汽车服务公司			
时间	姓名	车牌号	服务顾问
8:00			
8:30			
9:00			
9:30			
10:00			
10:30			
11:00			
11:30			
12:00			
12:30			
13:00			
13:30			
14:00			

2.5.2.5 预约确认

（1）内部确认。预约完成的当天进行内部确认，服务经理安排负责接待的服务顾问。备件部门确认所需备件是否有货，提前准备预约所需备件，标签上至少注明客户车牌号，姓名和预约日期。维修车间确认维修工位及维修解决方案。返修或抱怨问题预先向技术总监及服务经理报告，并提出解决问题的可行方案。

（2）向客户确认。在预约时间的前一天，由负责接待的服务顾问向客户再次确认，提醒客户维修保养的预约日期和时间，并带好相关资料。对于当日预约客户，在预约时间到达前1h向客户拨打电话，提醒客户履约，确认客户到达时间，并实时更新登记表。

电话接转人员应根据提醒结果，在预约信息表中记录最新信息，包括客户承诺准时赴约、更改预约时间或取消预约等状况要如实描述，并及时通知服务顾问。

如果客户不能如期到来，在必要时于约定日期的后 3～10 天内安排第二或三次预约。预约确认工作内容和话术如表 2-10 所示。

表 2-10 预约确认

预约确认	
工 作 要 点	话　术
在客户方便的时候打电话	"您好，请问×先生/女士在吗？"
确认对方是要找的客户后，问候客户和介绍自己和公司，并询问客户是否方便接听电话	"您好，先生/女士，我是××汽车服务公司的服务顾问×× ，请问您现在方便接听电话吗？"
确认客户方面接听电话后，简单说明致电目。面带微笑，语言简洁明了	"我想与您确认预约保养的事情。定于明天下午2点进行的5000km保养的时间没有变化吧？"
确认客户会准时到达后，对客户表示感谢	"好的，我们将为您做好准备，恭候您的光临。非常感谢您接听电话，再见。"
服务顾问将确认结果在DMS对应的预约登记表中标识	

2.5.2.6 迎接准备

服务顾问根据客户的预约需求，协调各部门提前做好服务前的准备。

① 服务顾问要熟记预约客户的车牌、姓名、到达时间及服务内容。

② 提前15min为预约客户准备好预检工位及维修工位。

③ 对于已经确定需要更换的备件，需提前通知备件库房预先拣好备件。

2.5.2.7 继续跟踪

对于承诺准时赴约却没有正常履约的客户，应该在客户预约时间过后1h，再次电话跟踪客户，问明原因，并作更改和记录。

2.5.3 预约实施训练

2.5.3.1 训练要求

（1）通过前面内容的学习，掌握预约流程实施时的要点，以此作为训练的核心内容：

① 建立首问负责制，由接电话的服务顾问负责预约事项的整体确认，与部门内部协调工作。

② 充分沟通，详细了解故障症状，包括故障出现的时间、出现的频率；故障是连续出现还是偶尔出现；出现故障时的车况等。

③ 客户提出预约，要检查车间工位安排情况，确认维修需要的时长、客户是否需要接送车辆等。

④ 正确了解客户需求，站在客户的角度考虑问题，遵守与客户的承诺。

⑤ 预约结束前，应提醒客户维修保养时携带行驶证及保修手册，同时积极地向客户推荐特色服务产品及其他促销活动，并向客户致谢。

(2) 演练评价要求。学习"预约流程"并完成扮演演练。

① 建议采用分组方法演练，按流程轮流进行角色扮演，按要求完成步骤、话术、表格填写等内容。

② 主要考查学生扮演"客户"角色时的客户心理活动、语言及肢体语音，在描述汽车故障时能讲出故障现象和发生故障时的环境条件。考查学生扮演"工作人员"的专业技术水平，与客户交流的技巧，并能用简便方法判断车辆状态，需完成相应表格的填写。

(3) 演练内容及要求。说明预约流程的内容、要求，按流程要求进行角色演练。

2.5.3.2 话术范例

与客户进行电话沟通时要注意以下问题。

① 与客户交流时要使用普通话，语音悦耳、吐字清晰。

② 接听电话要注意在电话铃响起三声之内接听，礼貌地问候对方，介绍公司、部门和自己。拨打电话时，当电话拨通后，要问候对方及报上公司及自己的姓名。

③ 服务内容介绍要熟练，专业术语要准确。注意减少使用或不用缩略语和过于专业的用语。

④ 通话过程中不时地用"是的""我明白"等简短的话语，表示你在倾听。

⑤ 善于从对方的语气、语调、话语中发现对方即将结束通话的意思，用适当的语言提示对方挂机，待对方挂断电话后自己再挂机。

⑥ 转接电话需要用专业的方式进行转接，首先礼貌问候对方，介绍自己的公司、部门和本人；询问呼入者姓名和将电话转给谁；当电话是由接线员转入时，只需介绍部门和本人，不需要介绍公司。

预约的话术范例如下：

(1) 被动预约

预约专员：早上好/下午好/您好！我是××客户关系中心的预约专员××，请问有什么我能帮助您吗（我能为您服务吗）？

客户：我的车已经行驶到 10000 千米了，是否该进行第二次保养了呢？

预约专员：是的，我将为您的车辆安排预约，以节省您的等待时间。请问你的姓名（车牌号、车型、联系方式等）？

客户：分别回答姓名（车牌号、车型、联系方式）。

预约专员：我查询了系统，明天有两个预约时间可供您选择，分别是上午的×时×分和下午的×时×分，您看哪个时间更方便呢？

客户：明天上午的×时×分吧。

预约专员：谢谢！请问您有熟悉的服务顾问吗？

客户：没有。

预约专员：那我们将为您安排资深的服务顾问××在明天上午的×时×分为您提供服务，请问还有什么可以为您效劳的吗？

客户：没有了。

预约专员：好的，我们明早会在×时×分准时迎接您的到来。如果您明天的计划有变，请及时拨打预约电话××××××××通知我们。再次对您的来电表示感谢，我们明天见！

（2）主动预约（一）

"您好！请问是×先生或小姐吗？我是××4S店的信息员小徐，根据我们的系统显示，您的××汽车现在需要做15000千米的保养，不知道您的车辆现在已经行驶了多少千米？目前是否做了保养呢？请您及时为您的爱车做保养，我们4S店将为您提供热忱优质的服务。"

（在得知客户车辆已经做了保养的情况下）

"嗯，好的，我们只是为了给您一个及时的提醒，欢迎您下次来我店为您的爱车做保养。祝您用车愉快！再见！"（待对方挂断电话后再挂机）

（在得知客户车辆目前还没有做保养的情况下）

"欢迎您来我们4S店做保养，请问您最近什么时候有空呢？我们恭候您的光临。"

（3）主动预约（二）

"您好！请问是×先生或小姐吗？我是××4S店的信息员小徐，您于××年×月×日在我们店购买了一辆××汽车，我想了解一下您的车辆目前使用状况？首保有没有做过呢？目前车辆行驶里程是多少？如果首保还没有做，请您记得在××日以前在我店享受免费首次保养。我们将热忱欢迎您的到来。"

（得知还没有做首保的情况下）

二维码2-2
预约话术

微信扫一扫，
观看三维模拟动画，
听取专业话术录音

"嗯，好的，请您一定要在××号以前来我店为您的爱车做首保，另外要记得带上保修手册，我们恭候您的再次光临。"

（在得知客户车辆已经在其他店做了首保的情况下）

"嗯，好的，我们只是给您一个及时的提醒。请问首保在哪儿做的呢？欢迎您下次到我们店来做保养。祝您用车愉快！"

2.5.3.3 流程演练

说明"维修预约流程"的内容和要求，按流程要求进行角色演练。建议采用分组方法演练，按流程轮流进行角色扮演，按要求完成步骤、话术、表格填写等内容。

根据工作演示和话术交流进行评价，主要考查学生扮演"客户"角色时的客户心理活动、语言及肢体语音。考查学生扮演"工作人员"的专业技术水平，与客户交流的技巧，完成相应表格的填写。

（1）预约准备 根据表2-11所示内容完成预约准备练习。

表2-11 预约准备内容要点

内容	要　　点	工作或话术
要求	使用标准欢迎用语 使用普通话	
话术	称呼对方 介绍公司和自己 说明谈话主题 争取对方认可	"×先生/女士,打扰您了,我是××售后服务中心的服务顾问××,我们将于×月×日开展免费检测服务/您的车已到保养期了,我这里利用几分钟时间帮您预约一下服务,可以吗？" "×先生/女士,打扰您了,我是××售后服务中心的服务顾问××,您所需的配件已到,请问您什么时候方便过来更换？"

续表

内容	要点	工作或话术
行为	预约信息准备	准备预约登记表、预约排班表、预约看板； 查找出客户信息及维修历史，熟悉所预约客户的兴趣爱好； 了解车间的维修能力及可预约时段和配件供应能力
	设计预约模式	
	预约内容说明	告知特别活动、保养提醒、免费检测、缺件到货、保险到期、保修情况提醒等，介绍服务内容及优点
	预约时间确定	设定好预约和直接上门客户的目标比例； 确定各时段可预约的客户数
工具	记录	预约登记表、预约统计表

（2）电话接听　根据表2-12练习。

表2-12　电话接听要点

内容	要点	工作或话术
要求	按电话接听要求进行	
话术	称呼对方 介绍公司和自己 说明谈话主题	"您好，×××服务中心，我是服务顾问×××/预约专员×××，请问您需要什么服务？请问怎样称呼？" 询问客户基本信息：姓名、车型、牌照号、行驶里程等信息
行为	接听电话的要求	铃响三声内接听电话； 保持镇静，放松和自信； 姿势端正； 开口说话前先微笑
	查找客户资料	迅速从DMS系统中找出客户信息
工具	记录	电脑系统、预约登记表

（3）了解需求　根据表2-13所示内容完成了解预约需求练习。

表2-13　了解预约需求

内容	要点	工作或话术
要求	按要求了解客户需求	使用确认口头表达语句，比如："理解"，"是的"，"明白"等； 经常性地总结客户所说； 向客户解释进一步的流程以及了解信息的目的； 如果数据输入超出5s要告知客户； 使用开放式问题以分析客户需求，询问客户是否满意如此的安排
话术	了解需求 核对信息 确定时间	"×先生/女士，请问您的车这次预约是维修还是保养呢？" "为了您的预约顺利进行，请允许我与您核对您的信息是否准确。" "您本次预约的维修项目是×××（重新核对预约内容），请问您还有其他需要吗？您这次预约的维修工作大约需要××小时，我们可以给您预约×日×时或×日×时，您觉得哪个时间方便？" "我们的服务顾问×××会负责接待您，他将在×××时间给您打电话以确保您能准时进厂，另外，您的预约工位和技工将为您保留20分钟，同时会提前一天/一小时再次致电提醒您，希望您可以准时进站，准时进站，我们将为您提供×××预约优惠。"
行为	接听电话的要求	仔细倾听客户诉说
	记录	记录客户谈话的关键内容
工具	记录	电脑系统、预约登记表

(4) 预约结束　根据表2-14所示内容完成预约结束练习。

表2-14　预约结束工作要点

内容	要点	工作或话术
要求	按要求结束预约	询问客户是否需要其他帮助； 感谢客户致电； 友好地道别
话术	感谢客户（预约成功）	"谢谢您的预约。您进站时，请携带好所需的保养手册、行驶证（属返修客户，还应提醒带好上次维修工单），我们将恭候您的光临！" "×先生/女士，非常感谢您本次的预约，我们将做好充分的准备恭候您的光临。再见！"
	表示遗憾、另行预约（预约未成功）	"非常抱歉，这次未能满足您的需求，如果您今后有需要，欢迎再来预约。" "非常抱歉当日预约已满，您是否方便将这次预约改在××时间进行？"
行为	录入信息	把预约信息输入DMS系统
	通知相关部门	把预约信息通知相关部门
工具	记录	电脑系统、预约登记表

(5) 实施准备　根据表2-15所示内容完成预约实施准备练习。

表2-15　预约实施准备

内容	要点	工作或话术
要求	按要求准备	技师、工位的准备； 维修配件的确认； 看板及时更新
行为	通知相关部门	预约排班表应分日期进行登记与统计，以便于移交工作快速准确； 建立定期移交制度，预约员将预约排班表移交服务顾问； 服务顾问负责跟踪第二天的预约工位、技工配件的准备，并登记于预约排班表中，并将准备情况填入预约告示板中
	预约提醒	分时段对已预约客户进行再次电话提醒
工具	记录	电脑系统、预约登记表

(6) 预约实施　根据表2-16所示内容完成预约实施练习。

表2-16　预约实施

内容	要点	工作或话术
要求	服务顾问准备	提前就位，做好接车准备；看板及时更新。 "×先生/女士您好，欢迎您的光临，一路辛苦了！我们已经为您准备好了维修工位和维修技师。"
	车间准备	技师、工位的准备，做好接车准备
	配件准备	维修配件的确认，确保配件供应
行为	做好接车准备	确认配件、车间人员、工位和设备已准备； 向相关人员说明客户的概况
		准备好维修工单、六件套和预检单，摆放好车顶牌及钥匙牌等

续表

内容	要点	工作或话术
行为	接待客户	提前5分钟在门口候迎客户
		引导客户停车,为客户打开车门
	按流程进行	严格按照客户接待标准流程实施接待
工具	记录	电脑系统、预约登记表
	接车用品	六件套、预检单,车顶牌等接车工具

2.5.3.4 角色扮演考核

(1) 话术考核　按话术情景要求,让学生分组扮演工作人员和客户,进行话术考核。考核的评价方式为学生互评和教师对学生的话术进行整体评价。

情境考核1　电话预约

① 主动预约电话情境

服务顾问:(拨电话)"您好!××汽车销售服务公司/汽车维修服务公司,我是售后服务顾问李敏"(准备记录)。

二维码2-3
预约实施情景

微信扫一扫,
观看三维模拟动画,
听取专业话术录音

客　户:你好,有什么事吗?(或"抱歉会议中,等会再打过来。")

服务顾问:"抱歉打扰您,在我们的档案中,您的车该做×万千米保养了。"

(或"上次提醒您应该更换前刹车片,估计到时间了")

(或"上次您预定的配件火花塞已经到货了")

(或"下周一开始优惠服务月活动,内容是…")

客　户:"是吗。"

服务顾问:"是的,请问您的车现在的行驶里程是多少?"

客　户:"已经21000千米了。"

(或"还没到呢,才18000千米")

服务顾问:"那您什么时候来做保养呢?"

客　户:"下周六如何?"

服务顾问:"周六客户太多,我们已预约满了,请问周四或周五如何?"

客　户:"那就周四吧"

服务顾问:"谢谢您,那您看周四上午11点好呢还是下午3点好呢。"

客　户:"下午3点。"

服务顾问:"那好,我跟您确认一下预约好吗?下周四下午3点,我将恭候您的到来,我的电话是131××××××××。您如果不能按时到来,请提前1小时通知服务顾问好吗?"

客　户:"好的,谢谢!"

服务顾问:"谢谢您,周四见!"

② 被动预约电话情境

服务顾问:(接电话)"您好!××汽车销售服务公司/汽车维修服务公司,售后服务顾问李敏为您服务。"

客　户:"您好,我的车子需要做保养,而且使用时有噪声。"

服务顾问:"非常抱歉,给您添烦恼了。对您所关心的问题,请允许我做个记录好吗?"(准备记录)

客　　户:"好的。"

服务顾问:"请问,您贵姓?怎么称呼您呢?"

客　　户:"我姓张,张林。"

服务顾问:"谢谢您张先生,请问你是什么车型,能否告诉我您的车牌号?"

客　　户:"我是××年的××,车牌号是××"(服务顾问边记录边查阅客户档案)

服务顾问:"请问您的车辆是行驶了21000千米吗?"(假设已经查到相关信息)

客　　户:"是的。"

服务顾问:"张先生,对于您车上的噪声问题,因为没有见到您的车,所以不好确定是什么声音和什么原因造成的?还是麻烦您开车到公司来我们为您的车辆做检查好吗?"

客　　户:"这种噪声使我心里很不舒服,还是新车啊,问题很大吗?"

服务顾问:"请您不用担心,我们会为您妥善解决的。但首先还是请您在百忙之中将车辆送来检查一下。"

客　　户:"那好吧,反正我也要做保养,那我明天去吧?"

服务顾问:"在预约记录中,明天和后天都有空档,您能确定明天来吗?"

客　　户:"是的。"

服务顾问:"那好,明天上午10点,或者明天下午2点,您看哪个时间方便呢?"

客　　户:"我想早上8点来。"

服务顾问:"很抱歉张先生,明天上午8点已经预约满了,您看上午10点行吗?估计12点前就可以结束了。"

客　　户:"那好吧,10点。"

服务顾问:"请问您的电话?这样我们就可以和您保持联系"(假设客户档案没有及时查到)。

客　　户:"你们的客户档案不是有我的信息吗?我去年12月还去做保养了。"

服务顾问:"抱歉张先生,因为一直和您通话,没能打开客户档案,那我现在查一下好吗?张先生,请问您的手机号是131××××××××吗?"

客　　户:"是的。"

服务顾问:"为了能保证给您邮寄优惠活动信函,或者其他信函,能给我留一个邮送地址吗?"

客　　户:"××路××号,邮编××"

服务顾问:"那好,我跟您确认一下预约好吗?明天上午10点,我将恭候您的到来,我的电话分机号是××,您如果不能按时到达,请提前1小时通知服务顾问好吗?"

客　　户:"好的,谢谢!"

服务顾问:"谢谢您,明天见!"

③ 接听电话情境

客户来电,预约专员接听电话

客　　户:"喂!"

预约专员:"您好!×××公司,很高兴为您服务。"

客　　户:"我想明天过去给车辆做个保养。"

任务2　维修预约

预约专员："好的，我给您做个登记。请问先生/女士您贵姓？"
客　　户："姓万。"
预约专员："万先生，请问您的电话？"
客　　户："13××××××××。"
预约专员："您的车型？"
客　　户："×××。"
预约专员："您的车牌号？"
客　　户："×××。"
预约专员："行驶里程是多少？"
客　　户："21000千米左右吧。"
预约专员："好的，我已记好了，请问您是上午来还是下午过来呢？"
客　　户："上午10点吧。"
预约专员："万先生您好，这个时间已排得很满，您看下午行吗？"
客　　户："下午我没空呀。"
预约专员："那上午11点，要稍微空些，您看行吗？"
客　　户："好吧！那我明天上午11点过来，大概要多长时间？费用多少？"
预约专员："好的！谢谢您！我现重述一遍我的记录，您看有无问题，好吗？"
客　　户："好的。"
预约专员："万先生，您的车牌号是×××；电话是×××，您的车是×××型，已行驶21000km左右，您明天上午11点来我店做保养，保养正常需要××时间和费用××。为您安排的服务顾问是×××，您看对吗？"
客　　户："对的。"
预约专员："好的，万先生，我已安排好了您的预约，期待您明日11点的光临，谢谢您的来电。"
客　　户："谢谢你，再见！"
预约专员："再见！"

④ 电话确认情境

下班前，预约专员将预约登记表发给服务顾问和相关人员，服务助理找出预约客户的档案交给服务顾问，服务顾问查阅档案记录得知上次维修建议（雨刮片较薄，建议更换），并查询、记录雨刮片的价格和工时费；配件发料员准备好预约客户所需零配件，并单独存放。

第二天上午十点半，预约专员打电话与客户进行预约确认。

预约专员："周先生，您好！我是×××公司的×××。"
客　　户："你好。"
预约专员："我来电话是确认一下您今天预约保养的事。"
客　　户："哦！"
预约专员："您是预约上午11点过来，您能准时到来吗？"
客　　户："没问题，我11点左右会到的。"
预约专员："好的，期待您的光临。"
客　　户："再见。"
预约专员："再见。"

⑤ 电话预约情境考核

学生分成四组（A、B、C、D），每两人一组。A 组选一人扮演客户，C 组选一人扮演服务顾问，B 组和 D 组做评判。

内容：①对客户进行 30000 千米保养电话预约。②客户打电话预约明天进行 5000 千米保养，但预约满了。请问这时候服务顾问该怎么办？

情境考核 2　话术

在建议客户进行维修预约时，客户说："我不要预约，有空我会自己来你们公司的"，应该如何应答？

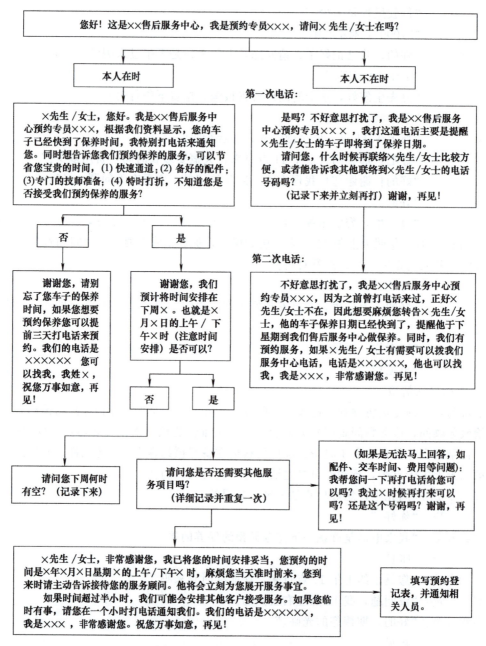

图 2-5　预约电话访谈流程及话术

学生分成四组（A、B、C、D），每两人一组。A组选一人扮演客户，C组选一人扮演服务顾问，B组和D组做评判。

（2）角色扮演

① 演练评价要求：学习"预约服务流程"和图2-5～图2-8的流程及话术，并完成扮演演练。

a. 分组演练"预约服务流程"。建议采用分组方法演练，按流程轮流扮演角色演练（步骤及要求、话术、表格填写）。演练时用摄像机拍摄，演练完毕播放并评价。

b. "预约服务流程"演练结果的评价采用自评、互评和教师点评。

c. 根据交流和工作演示进行评价，主要考查学生扮演"客户"角色时的客户心理活动、语言交流及肢体语言，对汽车故障的描述。考查学生扮演"工作人员"的专业技术水平，与客户交流的技巧，判断车辆状态的能力，填写工作表格的能力。

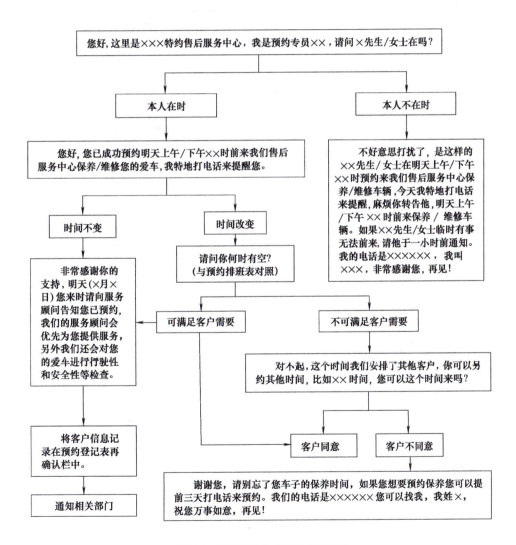

图2-6 预约提醒电话流程及话术

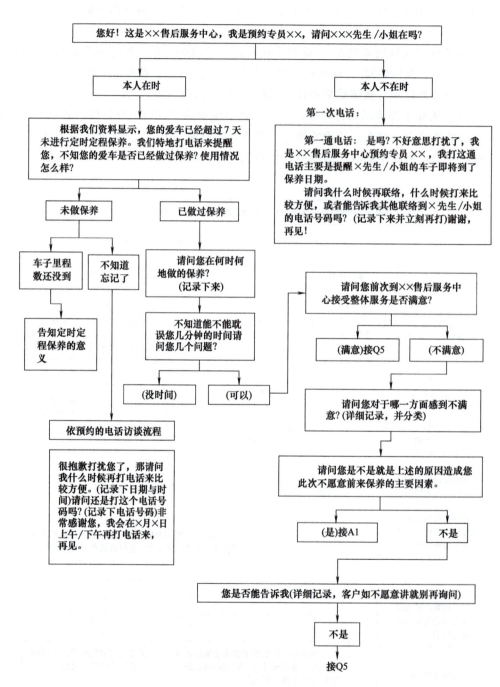

图 2-7 客户关怀（访谈）电话流程及话术（1）

任务2 维修预约

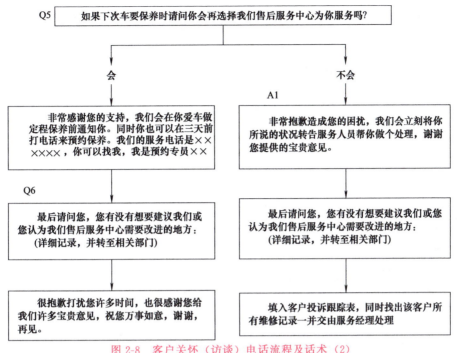

图 2-8 客户关怀（访谈）电话流程及话术（2）

② 完成表 2-17 所示的填写。

表 2-17 预约服务流程角色扮演及考核

预约服务流程角色扮演及考核			
准备工作及要求			
引导标识准备	营业时间、24 小时服务电话、各出入口的标志、业务接待处的标志以及方向指引、客户停车场标志、室内的方向标志（休息室、洗手间等）、服务项目及价格表等		
	评价与建议：		
工具准备	按照预约要求准备委托书、备件、专家、技师和工位、设备/工具、资料等		
	评价与建议：		
场地准备	预约接待室		
	评价与建议：		
步骤	基本要求	操作结果	评价与建议
明确无法进行的工作	根据接待主管、车间主管、配件主管等相关人员提供的信息，确定无法实现的预约内容		
接听电话	专用的预约电话		
	电话随时有人接听		
	电话铃响三声内接听电话		
记录内容	记录客户相关信息		
	记录客户车辆相关信息		
	记录客户诉求		
	记录故障信息		

续表

步骤	基本要求	操作结果	评价与建议
故障判定价格工期预估	通过电话进行故障诊断及制订解决方案		
	根据客户要求和车间能力约定时间		
	预估价格、工期		
	必要时向服务顾问和技术专家求助进行诊断		
	告知客户诊断结果、解决方案和预估费用和时间		
预约更改	不能履行的预约及时通知客户并另约时间		
填写相关工作表格	汽车维修预约登记表、汽车维修预约统计表		
工作落实	返修车辆的预约优先		
	备件库设置专用预约备件货架		
	车间预留一定的维修能力给预约客户		
	告知客户接待他的服务顾问		
	及时告知服务顾问预约情况和备件情况		
	预约情况及时通知有关部门和人员做好准备		
	通知备件部门为预约客户预留备件		
	预约时间临近时,提前提醒客户预约时间		
确认	确认各项准备工作		
	确认客户履约情况		
	通知客户预约变动		
	若为现场预约,与客户达成意向后,填好汽车维修预约登记表,并请客户签名确认		

沟通能力评价与建议:

工作过程评价与建议:

学生姓名: 班级: 教师: 考核时间:

任务要点总结

维修预约服务是指通过汽车维修服务企业提供的预约维修服务,相关人员根据客户车辆信息进行诊断,初步判断车辆状况,预估维修费用和约定维修时间并对预约内容进行充分的准备,从而减少客户在维修过程中的非维修等待时间和避免缺少零配件的情况发生,使客户车辆得到迅速、优质的维修。

维修预约是为了分流客户,合理分配企业自身资源,避免出现服务瓶颈;提前做好准备工作,提高工作效率。

思 考 题

1. 维修保养工作量高峰和低谷对汽车维修服务企业的服务质量有什么影响？如何解决？
2. 汽车维修保养预约的作用是什么？
3. 汽车维修保养预约的方式有哪些？各有什么特点？
4. 与客户沟通时要注意什么？

任务 3

维修接待

> **导入案例** ▶▶
>
> **【导入案例 3-1】 保修接待**
>
> （接【导入案例 2-4】首保预约）张女士上周与×××4S店电话预约了下周一9点进行首保，同时解决车辆玻璃清洗液不能喷出的问题。
>
> 周一张女士提前来到×××4S店，将车开到维修入口前。现在时间已经是8点50分了，在她的前面已经停了好多等待维修的车辆。穿着工作服的4S店工作人员拿着单据、车钥匙、电话和记录板忙碌着，但没有人理会张女士。
>
> 过了一段时间，有一位工作人员走了过来，张女士赶忙迎上前去说道："我已经预约……"，这位工作人员打断她的话，说道："我只是过来检查一下你的车，服务顾问一会儿就过来。"
>
> 那位工作人员拿着记录板围着车转了一圈，检查了里程表和车牌号，然后把信息记在一张纸上。
>
> "请问您贵姓？"
>
> "免贵姓张。"
>
> "您来进行什么服务？"
>
> "第一次保养。"
>
> "好的，您的服务顾问马上就会到来。"他从笔记板里拿出一张单据，压在了张女士车辆的刮水片下面后转身离开。
>
> 张女士只好继续等待，向维修入口处张望。张女士发现，车道边有一个装满垃圾的垃圾桶，旁边还散落着一些垃圾。在通往等待区域的门上仍显示着"关闭"的标志，墙上有些刮擦痕迹，外面的填单台看起来又脏又乱。这时终于有一位工作人员走了过来。
>
> "早上好，我是服务顾问××，有什么可以为您效劳的吗？"他从刮水片下拿起检查单据边看边说。张女士回答道："我来是想进行第一次的常规保养。"
>
> "好的，我们会处理好的，请过来，我们一起填完这张表。"

思　考 ▶▶

(1) 从此案例中找出该 4S 店存在的问题。
(2) 指出此案例中服务顾问做得不规范的地方。
(3) 服务顾问正确的做法应该是什么？

案例启示

　　服务顾问应具备一定的汽车技术知识、生产组织能力、沟通能力和团队合作能力。接待过程通常由服务顾问完成，对于较复杂的故障，应该通过车间技术人员进行诊断。
　　服务顾问要以礼貌友好的态度和规范方式接待客户，介绍自己并弄清客户的要求。
　　服务顾问要有干净、整洁的外表，并佩戴客户容易看到名字的徽章。
　　汽车维修服务企业的服务环境要好。

学习目标及要求

掌握维修接待工作必备的礼仪和知识技能，掌握维修接待的标准和流程。

学习内容

　　客户到达汽车维修服务企业后，服务顾问等负责客户接待的相关人员必须按流程要求接待客户。要用优质的服务使客户满意。
　　通过接待礼仪和沟通技巧的学习，掌握与客户沟通的技巧，通过与客户的交流了解客户的需求，为后续工作打下良好的基础。

3.1　维修接待的目的和要求

3.1.1　维修接待的目的

　　汽车维修服务企业服务的对象是汽车和客户。因此要求汽车维修服务不仅车辆的维修质量好、价格低、维修周期短，而且还要求有优良的服务态度、娴熟的服务技巧和优美的服务环境，通过优质服务提高客户的满意度。
　　服务分为有形服务和无形服务两种。有形服务是对客户提供的在有形产品上所完成的活动；无形服务是对客户提供的在无形产品上所完成的活动，如知识传授和信息传递等。服务通常是有形服务和无形同时进行的，并且至少要完成一项活动的结果。
　　服务顾问是客户与企业之间的桥梁，在接待工作中，服务顾问要提供优质服务，提高客户满意度。
　　通过维修接待，服务顾问与客户沟通，了解客户的需求；对维修车辆做出故障的基本判断（或协助进行故障诊断），制订维修方案，向客户说明汽车维修检测作业的内容、估时和估价，与客户签订维修合同并作出必要的解释；完成车辆的交接检查工作。除此之外，服务顾问还应该及时为客户提供咨询服务，对所要进行的工作做一个概括性的说明，即向客户预先说明可能会发生的事情。在接待工作中还要注意为客户提供增值服务和附加服务。

3.1.2 维修接待的要求

服务顾问是汽车维修服务企业的代言人，是客户与企业之间的桥梁。通过他们可以向客户提供企业的服务产品和服务信息，帮助客户解决车辆使用中的问题，用优质服务为企业培养更多的忠实客户。

服务顾问对客户和客户车辆的服务是在从接待客户开始到车辆出厂的一整套工作流程中体现的。作为汽车服务接待人员，不但要文明礼貌，仪表整洁大方、主动热情，还要有专业的服务水平，要站在客户的立场上，在车辆检验的基础上建议最佳的维修项目和维修方法，并且要与客户达成共识，避免与客户产生争端。

要做好服务接待，向客户提供优质服务，服务顾问必须做到服务态度好、服务技巧高和知识丰富。在态度上要使客户感到有信赖感、有亲和力、诚实和谦虚等；具备与客户有效沟通和车辆故障诊断等技巧；有丰富的汽车、市场和服务等知识。由此可知，在维修接待过程中对服务顾问的主要要求如下：

（1）规范的礼仪。仪容端正，礼仪规范，态度乐观热情。

（2）团队合作精神。善于沟通协调，有组织指挥团队行动的能力。

（3）规范的操作。在客户接待、车辆检查、故障判断、签订合同、结算交车等环节中按要求执行。

3.2 维修接待的流程

3.2.1 维修接待的准备工作

维修接待的准备工作主要是根据客户的预约需求或客户档案信息，协调各部门提前做好服务准备。

① 前一天下班前，准备明天要接待的预约客户的资料，准备好接待客户的工具和物品，查看并落实车间的维修工作进度是否会影响第二天预约车辆的维修安排。

② 根据"预约登记表"上的资料，服务顾问要主动与客户进行电话确认，落实客户是否能按时到达（注意向客户说明维修工位大致的保留时间为预约时间后的20min），并告知客户自己的姓名与联系方式。如果客户不能按时到达，就应该与客户协商更改预约时间。预约客户的提醒工作流程如图3-1所示。

③ 通过查阅预约客户档案资料和预约登记表，了解客户车辆情

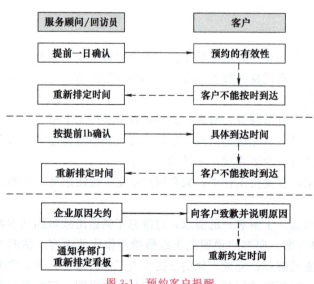

图3-1 预约客户提醒

况，草拟维修施工单，拟定维修工作性质和作业范围、预估维修费用和维修时间，必要时应该打印出维修施工单备用。

④ 通知并协调有关部门的人员做好备件、工具、工位、维修技师和技术方案（车间根据维修项目的难易程度制订技术方案并合理安排维修技师）等准备，提前一天检查准备情况。若客户需要代驾车辆，应该提前做好代驾车辆的准备。

⑤ 对召回维修或返修的车辆要给予特别关注（可以做好提示标记），要确保零部件供应，最好提前领取出来备用。

⑥ 做好接待管理准备工作。准备好预约客户的欢迎牌和预约车顶牌。

链接　预约车顶牌

> 为了按照客户到来的先后顺序而提供服务和突出预约客户的优先权，可以使用某些标识牌来区分服务顺序，如在车顶上放置不同颜色和数字的标识牌区分客户到来的顺序和服务顺序，服务顾问很容易在待修车辆中确定服务顺序。
>
> 预约车顶牌样式可参考下图，车顶牌的下面镶有磁铁，可以吸在车顶上。

⑦ 设置预约管理看板，以便直观地管理预约。服务顾问、车间主管通过看板对客户信息进行管理，客户信息看板管理如图 3-2 所示。

接待准备工作流程具体如图 3-3 所示。

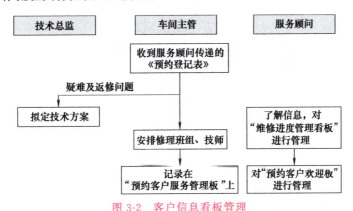

图 3-2　客户信息看板管理

3.2.2　引导客户停车

客户车辆驶进公司大门（或停在车辆报修停车区），停车区服务员（或外勤客户服务员、服务顾问等）应主动出迎致意（如是雨天需为客户准备雨具），并引导客户将车开到接待区域（需要时可以指挥客户停车），若为事故车辆则引导至事故车辆停车区。注意，如客户车辆未停在公司规定的车位，应礼貌引导客户把车停放到规定车位。

待车辆停好后，走到客户车辆驾驶室边门一侧向客户微笑点头，当客户下车或降下车窗玻璃后，应先主动向客户问好，表示欢迎，如"欢迎光临！""您好！欢迎光临××公司""您需要什么服务？""先生/女士您好，欢迎您的光临，一路辛苦了！我们已经为您准备好了

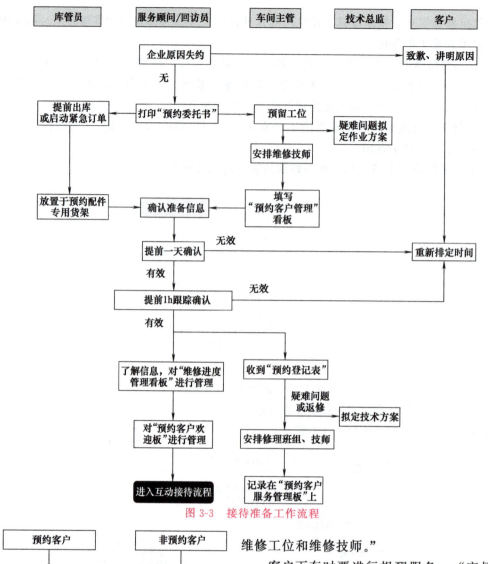

图 3-3 接待准备工作流程

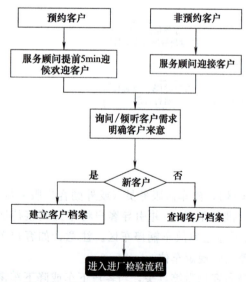

图 3-4 预约客户和非预约客户接待流程

维修工位和维修技师。"

客户下车时要进行提醒服务:"麻烦您下车,如果车内有贵重物品,请随身携带。"

3.2.3 了解来意,合理安排

客户下车后,向客户做自我介绍,询问客户如何称呼。简短问明客户来意,了解客户需求。

① 若是简单咨询的客户,可当场答复,然后礼貌地送客户离开并致意,如"请走好""欢迎再来"。若不能当场答复客户,则引导客户去相关部门。

② 若是办理其他事务的客户,则应带领客户至相关部门,切忌不理会客户。

③ 若是维修预约的客户,则带领客户到接

待室，了解客户需求后，填写"维修预约登记表"，并呈交客户，同时礼貌地告之客户记住预约时间。

预约客户和非预约客户接待流程如图3-4所示。

④ 若客户车辆需要进行故障诊断、报价或维修的客户，应请客户进入接待厅商洽；如需进行车辆检测，则先请客户在接待厅休息，待工作人员检测诊断后，再与客户商洽。若维修保养工作内容简单，则可以当场填写"维修施工单"或"预约登记表"，按要求办理相关手续。

⑤ 若是新客户，还应主动向其简单介绍公司维修服务的内容和程序。

3.3 维修接待的注意事项

（1）维修接待区域的环境美观舒适　业务接待厅的服务设施要配套齐全，具备良好的客户休息环境，提供茶水、报刊杂志等服务，配备冷暖空调、播放系统等。业务接待厅应及时清洁整理，不乱堆乱放物品，保持整洁干净。

在维修入口、维修接待车道、停车区、早到者维修区和客户休息室等地方要有明显的提示标志，方便客户寻找。

（2）及时接待客户　客户到达维修接待区后就应尽快地受到欢迎和接待。如果客户需要等候接待，则等待时间不得超过5min。如果客户等待时间超过5min或有几位客户同时等待时，必须临时增加服务顾问。

建立早到者（指在维修服务公司上班时间之前到访的客户）服务制度，为客户提供便利。

（3）了解客户需求，提供优质服务　服务顾问在与客户交流时要以优质服务给客户留下良好的第一印象。

通过与客户交流，了解客户车辆的使用状况及存在的问题，弄清楚客户此次到访的目的。对公司和客户的车辆做一个概述，向客户介绍本公司能提供的服务项目和向客户进行一些必要的车辆养护产品和服务推销。

（4）做好非预约客户的服务　服务顾问在接待未预约客户和未按预约时间到达的预约客户时，要根据车间的生产情况决定是否为客户车辆安排维修保养，如果车间有能力接受维修保养任务，且与后面的工作不发生干扰时，可以安排作业，但是要对客户强调"下不为例"。同时要向客户进行预约宣传，让他们知道预约的重要性和优点，知道如何按预约的要求去做。

3.4 维修接待流程的实施

在维修接待流程实施时，服务顾问要衣着整洁，礼貌接待客户；弄清客户的需求；运用汽车技术知识和团队合作，完成维修接待工作。

3.4.1 维修接待流程关键点

根据图3-1～图3-4，可知维修接待流程的关键点是规范服务和明确客户需求。

3.4.2 维修接待流程的步骤和执行标准

在进行维修接待时,必须遵守下列的基本原则,给客户留下一个良好的印象:

引导客户车辆。当客户驾车来到公司入口处时,保安向客户敬礼表示欢迎;问明客户来意并指引客户车辆行驶方向;若是维修保养客户,待客户驾车离开后,保安通知服务顾问客户到来准备接待。

服务顾问迎接并问候客户,自我介绍和询问客户称呼,询问客户来意。

接待时必须保持热情态度,让客户感到亲切,不允许出现冷漠、爱理不理现象,禁止与客户发生争吵。

不要让客户等候。在客户到达时马上进行接待,缩短接待响应时间。不允许出现客户无人接待的现象;不允许维修技师代替服务顾问接车。迎接客户流程及标准见表3-1。

表3-1 迎接客户流程及标准

步骤 工作要求	责任部门:前台业务部　责任人:业务接待主管		
	资料、用品准备	配件、工位、人员准备	迎接客户
工作标准	提前一天准备好接车时要用的各项物品	提前一天确认配件库存并通知车间安排好工位及维修技师	整理仪容,清理工作环境
		维护预约欢迎板	电脑管理系统工作正常
	整理当天的客户资料和接待区域	在客户预约进厂前一小时再次确认	在业务接待室门外迎接客户
所需工具	护车套件、手写板、接车问诊表	预约电话登记表、预约欢迎板	护车套件、手写板、接车问诊表
具体细则规范	准备护车套件、接车单	通知配件部按预约内容准备配件	提前到岗,清洁工作区域
		通知车间安排好工位并适当派工	工作人员佩戴胸牌,穿统一工作服,精神饱满,面带微笑
		对特殊项目(如返修、召回等)应特殊对待	
	整理客户资料	与客户再次确认,问明是否需要替代车	引导客户停车
	清洁接待区域	查证客户车辆维修记录,准备委托书、预约登记表	按流程接待客户
		设置预约欢迎板	准备环车检查
注意事项	客户维修资料齐全、便于查找 接待台干净整洁 接车及时 接待室张贴服务标准、服务规范、服务承诺、常规维修价格和配件价格等	在预约前一天完成准备工作	工作人员衣着符合要求
		替代车应保证干净、能用	注意仪态语言
		特殊活动应加以标识	维修接待礼仪规范
		提前维护好预约欢迎板	其他工作人员对客户的礼仪
		应该提前通知确认客户指定接待人员或维修人员	
		当预约内容不能满足时,及时和客户联系,重新预约	客户车辆能够方便地进入维修接待区

二维码3-1
维修接待流程
实施情景

微信扫一扫,
观看三维模拟动画,
听取专业话术录音

3.4.3 维修接待实施训练

3.4.3.1 训练要求

服务接待人员必须在态度、技巧和知识等方面具有较高的素质，服务接待人员在服务态度上要具有诚实、谦虚的品格，具有同情心和亲和力，让客户产生信赖感。在服务技巧上，具有较高的沟通技巧。具备关于服务的话题知识和心理学知识等。

3.4.3.2 话术范例

接待客户时，首先要问候客户："您好，欢迎光临！"

询问客户的称呼和自我介绍："请问先生/女士怎么称呼？""××先生/女士，您好！我是××，很高兴为您服务""您好！我是服务顾问××，非常高兴为您服务！"

了解情况："请问您是否有预约？""让我查询一下您的预约资料吧！""您是预约××点××分进厂。"

结果说明："我们立即优先帮您处理。""建议您下次预约，可以减少等待时间，待会我给您一张名片，名片上有我们的预约专线：××××××。"

"您好，×先生/女士，感谢您准时光临。我是服务顾问××，这是我的名片。您今天预约的项目是×××，根据您的预约需求，我们已经做好了相关准备。请您出示一下《保修手册》和行驶证好吗？谢谢！"

沟通过程中不能使用"你好像不明白……"，"你肯定弄混了……"，"你搞错了……"，"我们公司规定……"，"我们从没……"和"我们不可能……"等语气与客户交谈。

解释说明某一问题时，应该就事论事，不要说与该问题无关的话题。如在说明简单故障时，不能说"这是小事一桩，发动机有问题才是大毛病，不都照样修好了吗？"

在处理客户的疑虑和怀疑时，要站在客户的立场上理解并进行解释，努力与客户达成一致。注意，只需表明自己能了解客户的观点就可以了，不要说"你说得对"或"不少客户都有相同的顾虑。"等内容的话。

面对误解，要多从自己身上找原因，比如说"对不起，是我没有表达清楚"，"对不起，是我理解错误了。"不能这样说："刚才我不是说过了吗？""如果你不听我的则后果自负。"

由于客观条件的限制，你不可能满足客户所有的要求，但要坦率地面对现实，向客户说明清楚，给客户留下良好的印象。

3.4.3.3 流程演练

说明"客户接待流程"的内容和要求，按流程要求进行角色演练。建议采用分组方法演练，按流程轮流进行角色扮演，按要求完成步骤、话术、表格填写等内容。

根据工作演示和话术交流进行评价，主要考查学生扮演"客户"角色时的客户心理活动、语言及肢体语音。考查学生扮演"工作人员"的专业技术水平，与客户交流的技巧，完成相应表格的填写。

（1）维修接待的一般流程

保安人员：看到客户车辆驶近大门立即起身相迎，问候客户并引导客户停车。客户停车后，礼貌问候客户，向客户致意，确认客户来意。使用对讲机等通信工具通知迎宾人员（迎宾员或轮值的服务顾问）。

迎宾人员（迎宾员或轮值的服务顾问）：站立等候，引导和帮助客户进入维修接待区域。

接待人员：迅速出迎问候客户，引导客户前往接待前台，不要让客户等待。与客户交流，获得客户和客户车辆的信息，确认客户的意图，做好记录。

（2）应急接待流程　在异常情况下，如客户维修保养车辆突增、服务顾问及检查通道不足或技师临时短缺，出现客户排队等候时，应该立即执行应急接待流程应对。执行应急接待流程的目的是从容应对异常情况，有条不紊进行工作，让客户享受良好的服务，给客户留下良好印象。

应急流程为非正常工作状态，应尽量做到工作提前安排，避免检查通道及车间拥挤。汽车维修服务企业应该根据自身及地区性特点制订紧急流程。应急接待流程如图 3-5 所示。

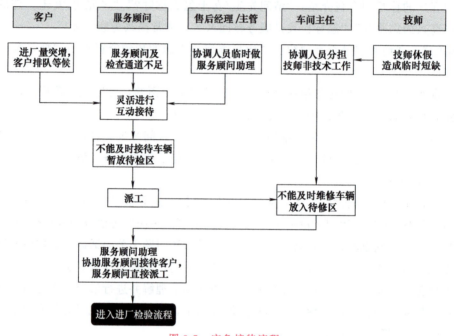

图 3-5　应急接待流程

（3）疑难故障及大修接待流程　对于有疑难故障等服务顾问难于独自接待的车辆，应该确定辅助接待的人员和接待流程，其目的是通过各部门通力合作，迅速有效地解决问题。

疑难故障及大修接待流程执行标准如下：

① 估价并向客户说明。服务顾问在派工拆解前，应根据客户描述，预估拆解后可能发生的维修项目及价格并向客户充分说明。

② 协调主修人选。服务顾问可直接确定主修技师，如果因技术原因无法直接确定，应由车间主任或技师组长协调安排。

③ 确认完工时间。在确定完工交车时间时，服务顾问要综合考虑维修项目的技术难度及标准作业时间、已经安排的每天常规维修工作量和短缺配件的订货周期等因素。

疑难故障及大修接待流程如图 3-6 所示。

3.4.3.4　角色扮演考核

（1）话术考核　按话术情景要求，让学生分组扮演工作人员和客户，进行话术考核。考核的评价方式为学生互评和教师对学生的话术进行整体评价。

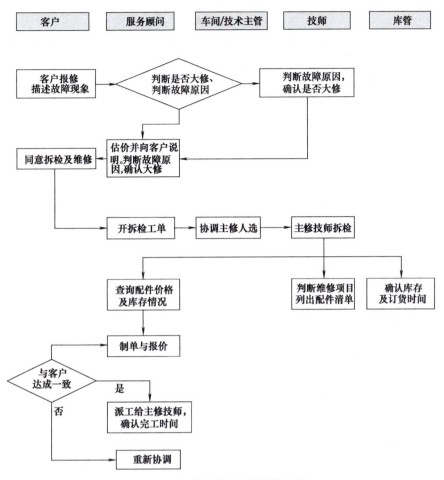

图 3-6 疑难故障及大修接待流程

客户车辆驶入，保安看见后，立即通知服务顾问×××。

保　　安："×××，你好，我是保安×××。"

服务顾问："收到。"

保　　安："你的预约客户周先生已到，请接待。"

服务顾问："好的。我马上出来。"

（2）角色扮演

① 演练评价要求：学习"客户接待流程"并完成扮演演练。

a. 建议采用分组方法演练，按流程轮流进行角色扮演（步骤及要求、话术、表格填写）。演练时用摄像机拍摄，演练完毕播放并评价。

b. "客户接待流程"演练结果的评价采用自评、互评和教师点评。

c. 根据交流和工作演示进行评价，主要考查学生扮演"客户"角色时的客户心理活动、语言及肢体语音，对汽车故障的描述。考查学生扮演"工作人员"的专业技术水平，与客户交流的技巧，判断车辆状态的能力，填写工作表格的能力。

② 完成表 3-2 的填写。

表 3-2　迎接客户流程角色扮演考核

迎接客户流程角色扮演考核				
准备工作及要求				
工具准备	名片、电话、护车套件、接待系统、派工系统、客户档案及维修记录、车间人员安排、所需配件状况以及其他资料			
	若客户需要代驾车辆,应该提前准备好			
	评价与建议:			
场地准备	停车场、接待室			
	评价与建议:			
服务顾问	规范的礼仪;仪容端正,态度热情,语言文明,统一着装,佩证上岗;熟练的沟通技巧、熟悉工作流程、有一定的组织能力			
	评价与建议:			
步骤	基本要求	操作结果		评价与建议
迎接客户	准时等候预约客户			
	站立的位置			
	快步上前、主动迎接客户			
	区分不同的客户,使用恰当问候语			
	专业的姿势引导客户车辆停车			
	主动谨慎地为用户打开车门			
	留意与车主随行的人员			
	无论客户是否进行维修作业,都必须同等对待			
服务顾问自我介绍	递名片			
	介绍自己的姓名、职务等			

沟通能力评价与建议:

工作过程评价与建议:

学生姓名:　　　　班级:　　　　教师:　　　　考核时间:

任务要点总结

接待过程中服务礼仪很重要,包括仪容仪表、肢体语言、服务用语、电话礼仪、拒绝与道歉。

接待过程中还需要具备相应的知识和技能,包括服务标准与流程知识、汽车理论知识、产品知识和备件知识等。具备常见故障诊断能力、熟悉维修工艺流程、报价准确、合理安排工作。

思 考 题 ▶▶

1. 接待非预约客户时要注意什么?
2. 接待过程中容易使客户不满意的因素有哪些?
3. 如何使用应急接待流程?
4. 说明"接待环节对客户满意度有重大影响"的主要方面。

任务 4

进厂检验

导入案例 ▶▶

【导入案例 4-1】 维修内容纠纷

9月5日，客户陈先生到×××4S店进行车辆常规保养及空调异响维修。使用后第二天发现空调仍有异响，于7日再次到该4S店进行返修。

4S店检查后告知陈先生是空调鼓风机坏了，维修费用约需200元，陈先生同意维修。但在仓库领料时发现服务顾问报错了零件编号，实际鼓风机的价格应是1000多元。由于两者差额较大，致使客户产生抱怨，客户认为由于4S店第一次检修不彻底导致空调没有修好，所以应该由4S店承担责任。

思 考

本案例中，导致服务顾问报错价格的主要原因是什么？ 遇到这种情况应该如何处理？

案例启示

1. 对报修项目检查分析判断不彻底，会导致故障隐患没法排除。
2. 车辆交车前的质量检验要认真。
3. 报错零件价格导致报价反复，使客户抱怨升级。

任务4 进厂检验

【导入案例 4-2】 接车环检要规范

（接【任务3导入案例】保修接待）为了填写表格，张女士和服务顾问来到一张桌边，服务顾问将一些信息输进了电脑。

"还有其他需要帮忙的吗？"

张女士想了一会儿，说道"我差点儿忘了，玻璃洗涤水不能喷出来，您能给我检查一下吗？"

"当然，我们过去看看……稍等一下，我去拿维修施工单。"

几分钟后，他拿来维修施工单，指着维修施工单说道"请在这里签名，还有这里、这里。"

"需要多久才能修好？"

"今天上午我们有些忙，可能需要一个半小时，您可以在休息室等待，那里有茶和点心。"

张女士本没有打算在这里待这么长时间，但她也没有办法离开，只有等着。

"好吧，我等，需要花多少钱？"

"除了零部件以外，第一次常规保养都是免费的，几乎花不了多少钱。和刮水器相关的东西都在保修范围之内。修好了我们会通知您的，您可以先进去休息一下，过会儿我叫您。"

思 考

服务顾问有哪些地方做得不规范？规范的做法是什么？

案例启示

（1）预约时要询问客户车辆使用情况。
（2）服务顾问要提前做好充分准备。
（3）要认真进行环检和故障诊断等工作。
（4）告诉客户维修内容、需用时间和费用。

【导入案例 4-3】 怎样准确描述汽车常见故障

张先生开车时感到汽车有振动，就打电话给维修服务公司。

张先生：今天在高速公路上开车时，我感觉到车的噪声比原来大了，而且汽车也有振动，请问还能不能继续使用？

65

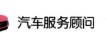

汽车服务顾问

　　服务顾问：是怎样的振动？是车整体振动还是某些部件感觉振动？比如是不是方向盘、制动踏板、加速踏板（油门）、车门或者挡风玻璃振动？

　　张先生：我感觉是方向盘振动。

　　服务顾问：您感觉振动的时候，车速大概是多少？

　　张先生：85千米/小时以上。

　　服务顾问：低于85千米/小时时，是不是感觉振动很小或不明显。只要超过85千米/小时振动就明显增大？在普通公路开车时是不是没有感觉？

　　张先生：是。

　　服务顾问：汽车振动时您感觉方向盘是不是左右晃动。

　　张先生：是。

　　服务顾问：可能是您的车辆前车轮动平衡有问题了，请不要在高速行驶了，离开高速公路，尽可能走普通公路。有时间您来检查一下车轮动平衡。

　　后来，经检查确认，振动是前车轮动平衡不良造成的。前车轮动平衡做完后，故障消除。

思　考 ▶▶

服务顾问是如何请张先生描述故障的？ 张先生在叙述故障时进行了哪些描述？

案例启示

　　1. 行驶的道路是高速公路，指出了汽车出现故障的地点。
　　2. 故障出现时的车速比较准确，是高速状态。
　　3. 在服务顾问的提示下，说明了汽车振动的部位。
　　4. 汽车前车轮是转动部件，在动平衡不好的情况下且高速行驶时，前车轮会产生很大的不平衡力，这时较大的不平衡力就会传到方向盘上，引起方向盘振动。

学习目标及要求

　　掌握接车环检工作的必备礼仪、知识技能和注意事项，熟悉接车环检的流程和标准。
　　掌握规范的提问方法，准确有效地向客户了解汽车故障。
　　熟悉如何快速、准确地判断汽车故障的原因和部位，用最小的成本解决问题的方法。
　　熟悉各类汽车检测与维修的作业内容，能及时为客户提供咨询服务，进行维修方案的最佳设计。

学习内容

在确定客户车辆维修项目时，服务顾问要问询故障情况、核实故障现象，制订维修工作单。

服务顾问要掌握车辆常见故障的诊断方法并做出准确判断，正确确定维修项目和维修方案，从客户的立场出发制订维修方案，保证客户车辆维修保养质量，用最小的成本解决问题，不让客户过度消费。

客户接待时一般采用互动式接待，即在整个过程中，服务顾问和客户是互动的。互动接待的目的一方面是要充分了解和确认客户此次来访的需求，另一方面是要查找和发现客户没有发现的车辆故障和故障隐患，同时通过互动交流建立汽车维修服务企业及服务顾问与客户间的良好关系，提升客户对汽车维修服务企业和服务顾问的信任度，赢得更多的营销机会。互动接待流程如图4-1所示。

汽车维修服务企业的互动接待区域要为客户提供一个友好的环境，使客户到来后心情舒畅。接待人员要热情地接待客户，熟练地完成互动接待工作。互动接待流程的执行标准如下：

（1）互动接待准备

① 互动接待区应随时有人在岗，准备好六件套和互动检查工具（如胎压计、胎纹尺、手电筒、手套等）。

② 如果出现客户排队的现象，应该配备服务顾问助理简单询问客户需求和检查。对于不能立即接待的非预约客户要妥善处理，应按先后顺序排队，并告知预计的等待时间。

（2）服务顾问与客户完成车辆的互动检查

① 当客户到达时，服务顾问要热情地问候客户，并引导客户参与车辆的互动检查。

② 服务顾问应灵活运用互动检查流程，按要求完成车辆检查工作。

③ 服务顾问要查阅客户车辆的维修档案，以便更多地发现客户车辆的问题。

④ 与客户一起完成互动检查、确认维修内容后，在有把握的前提下，可以口头向客户预估维修时间和费用，并填写相关表格。

⑤ 互动接待时间一般在8～10min，服务顾问可根据具体情况灵活掌握，特殊情况可以

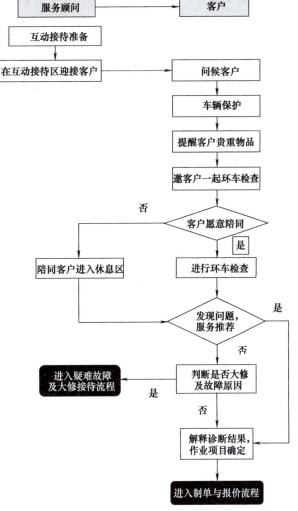

图4-1 互动接待流程图

做非完全检查，但是要求必须做环检。

⑥ 如果预计检查时间超过 30min，服务顾问应移动车辆离开接待通道，让后面排队的车辆及时获得检查。

4.1 环检

4.1.1 环检的作用及要求

汽车维修服务企业的服务质量不被客户认可的原因很多，除了维修管理水平、维修技术水平、设备和零件供应等方面外，还与服务顾问的态度和业务水平有着很大的关系，如果服务顾问缺乏必要的专业技术能力和问诊技巧，就有可能误解客户的述求，给下一步的维修工作带来错误的信息。因此，服务顾问不但要有热情的服务态度，还要有较高的专业水平。

4.1.1.1 认真做好环检，防止产生纠纷

服务顾问是汽车维修服务企业与客户交流的桥梁，他们的工作是否规范，对下一步的维修工作有着很重要的作用，服务顾问一般是根据客户的故障描述，通过诊断核实，填写接车单（如表4-1所示），而车间维修人员通常是根据维修接车单的内容进行维修操作的，如果接车工作出现问题特别是技术性错误，那就会对维修工作造成很大的麻烦。因此，作为服务顾问除了要听清楚客户对车辆故障的描述外，还要针对不同的故障现象引导客户补充必要的故障说明以供维修参考。

在车辆互动检查区，服务顾问与客户一起进行车辆环检，服务顾问要按流程规范要求认真地逐项检查、登记和请客户确认，目的是避免纠纷。

环检过程中，对车辆的外观、内饰及功能确认都有详细的要求，有的还要求进行底盘的检查和确认。

一般检查车辆的基本情况，特别是车辆原有的损伤（如损伤痕迹、凹陷等部位和程度）。如有不正常的情况则向客户说明并请客户签字确认，避免以后产生矛盾；如果一切正常，可不用请客户签字，双方默认没有问题即可。

为了减少客户环检的等候时间，可以先清洗车辆外表，再进行环检，目的是让车身干净，便于发现问题。

表4-1 接车单

接车单						
客户姓名		车牌号		车型	客户电话	
VIN号		行驶里程		车辆颜色	日期/时间	
客户问题描述						
免费保养□　　　____km常规保养□　　　故障车□　　　大修□　　　其他□						
①天气条件：□雨天　□晴天　□气温（　度）□其他（　　　）						
②路面条件：□高速路　□水泥路　□沥青路　□砂石路　□其他（　　　）						
□平坦　□上坡　□下坡　□弯道（急/缓）□其他（　　　）						
③行驶状态：□高速　□低速　□加速（急/缓）□减速（急/缓）□滑行						
④工作状态：□冷机　□热机　□启动　□（　）挡　□开空调　□其他（　）						

续表

⑤发生频度：□经常　□就一次　□不定期　□(　)次　□其他(　　　　)

⑥其他：

初期诊断项目：

预计费用：

环车检查

非索赔旧件		带走□　　不带走□		外观检查(有损坏处用○标出)	
方向机		油量显示(用→标记) FULL … EMPTY			
车内仪表					
车内电器					
点烟器					
座椅座垫					
车窗					
天窗					
后视镜					
安全带					
车内饰					
刮水器					
全车灯光					
前车标		后车标	轮胎轮盖	随车工具	其他

接车人签字：　　　　　　　　　　　　　　　　客户签字：

注意：①此单据中预计费用是预估费用，实际费用以结算单中最终费用为准。
②将车辆交给本公司检修时，已提示将车内贵重物品自行收起并妥善保管。如有遗失，本公司恕不负责。

公司地址：　　　　　　　　　　　　　　　　邮政编码：
服务热线：　　　24小时救援电话：　　　　　投诉电话：

4.1.1.2　了解客户需求

只有详细了解客户所遇到的问题和希望接受的服务内容，才能做好汽车维修服务工作。这就需要服务顾问具有熟练的聆听技巧和提问技巧，掌握汽车故障的真正症状和原因，为修理工作提供方便。

如果客户是进行车辆保养的，服务顾问直接在接车单上记录车辆情况。若车辆维修内容简单，可以当场填写维修估价单或预约登记表，为客户办理有关手续。对于需要诊断、报价的车辆，应征得客户同意后进入接待厅商洽；或让客户先到接待厅休息，待工作人员检测诊

断后,再与客户商洽。

4.1.1.3 确定工作项目

在客户介绍完车辆情况后,服务顾问要按要求对客户车辆进行全面检查,仔细记录,确认客户的整体服务需要,保证维修工作顺利进行。

对于前来进行车辆保养的客户,服务顾问在进行保养项目记录的同时,应主动询问客户车辆近期使用情况,并参考车辆的维修保养记录进行车辆检查,及时发现隐性问题,提出预约以外的服务内容,并与客户协商,经客户同意后进行维修作业。

对于有预约的客户,根据预约登记表的记录,重述客户的报修项目,根据检查情况确定作业内容。

在向客户询问、分析客户需求时,服务顾问应该采用5W2H(或6W2H)原则(如表4-2所示)与客户交流。要应用引导性的提问方法,应用顾问式报价,告诉客户接受服务能给他们带来的好处和可以为客户提供的超过他们期望的服务。

表4-2 5W2H(或6W2H)原则

5W2H 原则		6W2H 原则	
含义	字母	含义	字母
故障发生的原因	W(Why)	故障发生的原因	W(Why)
故障发生的地点	W(Where)	故障发生的地点	W(Where)
故障发生的时间	W(When)	故障发生的时间	W(When)
故障发生时的当事人	W(Who)	故障发生时的当事人	W(Who)
故障现象	W(What)	故障现象	W(What)
故障是如何排除的	H(How)	想找谁解决故障	W(Whom)
估时、估价	H(How much)	故障是如何排除的	H(How)
		估时、估价	H(How much)

4.1.2 环检前的准备工作

做好环检前的准备工作,可以提高工作效率,减少客户等候时间。同时根据预约资料准备好向客户解释的内容,做好环检的解释工作,可以让客户理解和支持环检工作。

4.1.2.1 做好准备工作,提高服务质量和工作效率

服务顾问应该提前查看"预约登记表"和客户车辆维修档案,明确客户的服务期望,了解预约客户的车辆维修保养情况,同时准备好预约客户的文字资料和接车用具。

对客户车辆状况要有较全面的了解,包括是否为返修车辆、是否曾被召回等特殊情况。如果是返修车辆,要优先接待,确保有零部件供应。

要清楚了解当天车间维修工位和前一天遗留的工作等情况,确定不能实施的预约。准备好相应的工具、工位、备件和技术方案。

4.1.2.2 车辆交接及检查

① 铺设好护车套件。在查验车辆的同时,服务顾问应在客户面前将护车套件(如方向盘套、座椅套、脚垫,如果条件许可还应包括换挡手柄、灯光控制手柄和刮水器控制手柄等维修技师可能接触地方的保护套)安置好,随后服务顾问引导客户环车检查。

② 提醒客户取走车内的贵重物品。在进行环检时，要注意提醒客户带走车内的贵重物品，并为客户提供放置这些物品的袋子，话术如"麻烦您下车，如果车内有贵重物品，请随身携带。"

如果有些物品客户不愿拿走，服务顾问可以将物品收纳到前台的储物柜中，并记录在接车单上。

③ 核实客户资料。核实并记录客户及客户车辆的基本信息：客户姓名、进厂日期、地址、电话、联系人、车牌号、型号/年份、发动机号、VIN 号、行驶里程、车辆颜色、行驶证和汽车钥匙等。

4.1.3 环检的内容

服务顾问与客户一起，在车辆报修停车区内对车辆进行环检。环检时要认真彻底，服务顾问要有条不紊地对车辆的外观、内饰和车辆功能进行检查并记录于接车单，同时要与客户进行确认。

服务顾问的接车过程按地点和按接车的侧重点不同可分为"人车合一"和"人车分离"两个环节。"人车合一"环节是服务顾问在车辆报修区和客户一起确认车辆状况和确定维修内容，然后将车辆送入维修车间。"人车分离"环节是服务顾问在接待厅向客户确认有关信息，如 VIN 号、发动机号、客户姓名、电话和地址等。

(1) 车内检查。服务顾问与客户共同检查车辆内部情况并记录，确认有无异常。

① 行驶证、车钥匙。

② 车内仪表板显示、故障灯、里程数、现存燃油量（标明 F-1/2-E 或在图 4-2 上标记）。

③ 收音机、DVD 播放机、电子钟、空调、音响、点烟器、烟灰缸、刮水器（前、后）。

图 4-2 现存燃油标记图

④ 车内饰、座椅、座垫、车窗玻璃升降、门锁、天窗、后视镜、安全带。

⑤ 车灯光、方向机、液面检查（发动机冷却液、润滑油、挡风玻璃清洗液、转向助力液、制动液等）。

⑥ 服务顾问在从客户手中接过车钥匙后，应将标有客户车牌号及停车位号码的钥匙牌连在车钥匙上，登记、编号后存放在统一规定的车钥匙柜内，方便找到车辆。

⑦ 车辆进入维修车间维修之前，应该将维修施工单录入电脑并打印。

将车辆移入车间的停车位，与维修车间进行车辆交接，将两份维修施工单和车钥匙交给维修车间，并签字确认。维修车间根据维修施工单进行车辆维修安排。

⑧ 对随车工具和物品应清点登记，并请客户在"随车物品清单"（见表4-3）上签字，同时把随车工具与物品装入为该车客户提供的储物箱内。

服务顾问应尽量记住座椅、后视镜等的位置及角度。接车时在客户面前用纸标签标注客户的座椅位置。

(2) 车外检查。服务顾问在与客户共同检查车辆外观情况时，一般是从左前开始，顺时针方向绕车环检。检查的内容包括漆面刮伤、外观损伤（车身变形、凹陷、破损和间隙变化等）、车轮损伤（轮毂和轮胎划痕等）和前后车标损伤等情况。边检查车辆外观边标注损伤部位和程度（常见的标注方法如图 4-3 所示），并提醒客户注意车身外观情况。检查完毕，请客户签字确认。如果一切正常，可不用请客户签字，双方默认没有问题即可。

表 4-3 随车物品清单

序号	物品名称	数量	序号	物品名称	数量
接待员接收签名：_____ 年___月___日			客户接收签名：_____ 年___月___日		

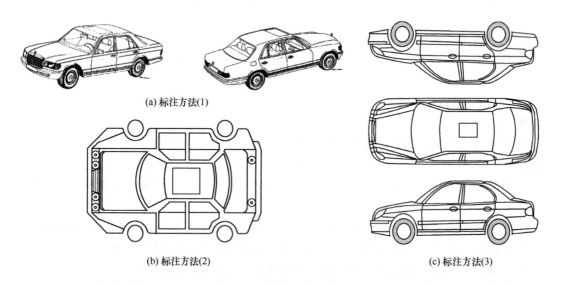

图 4-3 车身上划痕、凹陷、破损标注方法

（3）底盘检查。服务顾问将车辆用举升机举起，与客户一道检查底盘上一些容易出问题的部件，如车轮、悬架、油底壳和车身损坏情况等，并做好记录。

4.2 确定维修内容

在维修内容确定时，服务顾问要通过查询客户车辆维修的历史记录，通过问诊全面了解车辆使用情况和存在的问题，倾听客户对故障的描述，并认真做记录。对客户提出的问题进行解释和澄清。

服务顾问根据客户的故障描述，应用车辆常见故障的诊断方法进行故障判断，正确确定维修项目和维修方案，保证客户车辆维修保养质量。

服务顾问应该预先向客户解释说明维修项目。如果是常规的维修项目，则服务顾问可预先在接车时口头向客户说明。如果是不常见的维修项目，则在接车时只记录维修项目，待估价单打印之后再正式向客户说明维修项目。

若即将进行的项目中存在索赔项目，应及时向客户解释说明清楚。

4.2.1 了解客户

通过与客户的交流沟通，服务顾问要了解客户的类型，对于不同类型的客户采取不同的交流方式。在交流沟通时，一般采用引导性的提问方法询问客户相关问题。通过交流确定是维修客户、保养客户还是有其他需求的客户。在了解客户车辆情况和要求后，在技术问题解释时要用通俗的语言向客户进行说明，消除客户对维修保养工作及车辆故障的疑虑，让客户明白消费。

链接　不同类型的客户

> 主导型：客户主动向服务顾问讲述故障，语气比较强硬，多用"你必须…""为什么…"等语言。肢体语言丰富，衣着比较前卫、大胆。
>
> 接待这类客户时，应明确表明自己的态度，要显示出自信和果断，给对方一种坚定的感觉。不能被客户引导，要引导客户随着自己的思路考虑，给出相应的方案让客户自己选择。
>
> 分析型：客户说话比较少，总在倾听，有时会提问，坚持自己的见解，多用"换这个有用吗？"等语言，对于服务顾问提出的方案会产生怀疑。衣着比较正规。
>
> 接待这类客户时，应针对客户的疑问做出相应的解释，让客户了解故障的原因，给出相应的维修方案，分析结果，让客户选择。
>
> 友善型：客户没有明确意见，有耐心，问题针对性不强，会附和服务顾问的解释。衣着比较随意。
>
> 接待这类客户时，要引导客户说出故障现象，做出合理解释消除客户的疑虑，讲解维修项目及其效果，让客户选择维修方案。

4.2.2 确定工作项目

详细了解并记录客户来意及客户希望接受的服务内容。对有预约的客户，根据预约登记表的记录，重述客户报修项目。

对于保养客户，服务顾问在确定保养项目时，应提出预约以外的服务内容。

在客户介绍完车辆情况后，服务顾问按要求对客户车辆进行全面的检查，必要时要有技术人员参与诊断工作，注意发现客户车辆的隐性问题，并在接车单上详细记录车辆情况，明确工作任务，以便维修工作顺利进行。

4.2.3 业务咨询与诊断

服务顾问在问诊阶段，要准确地了解客户的需求，制订合理的解决方案。服务顾问应专

注聆听,用通俗的语言回答客户的问题。

如果服务顾问对客户车辆的技术问题有疑惑,需要进行技术诊断才能作出维修决定时,在征得客户同意后,立即通知技术部技术人员到接待车位协助完成技术诊断。在明确车辆故障或问题后,立即打印或填写"汽车检测诊断报告单"(如表 4-4 所示),把诊断情况和维修建议告诉客户,同时把"汽车检测诊断报告单"呈交客户,让客户进一步了解自己车辆的情况。

表 4-4 汽车检测诊断报告单

客户名称		地址	
客户联系人		电话	
车牌号		车型		编号	
进厂时间	年 月 日 时 分	检测诊断完成时间	年 月 日 时 分

客户反映故障情况或要求:

序号	检测项目	诊断意见	备注

检测诊断费用合计:			
预计维修费:	预计材料费:	其他费用:	合计费用:
预计工期:	共 工作日,至 年 月 日完工		
服务顾问签名:	检测员签名:	客户签名:	

在互动式问诊时,服务顾问通过客户的问题描述,确定故障的基本情况,在听取客户问题描述时应该注意确定工作性质,是免费保养、常规保养、故障车、大修或其他内容;问清楚出现故障时的情况,以便判断故障性质,故障询问要点见表 4-5。

表 4-5 故障询问要点

故障时间	出现了多久
路面情况	烂泥路、砂石路、水泥路面或沥青路面;高速路、平坦路、上坡路、下坡路、弯道(急/缓)等
故障出现时间	早上、中午、晚上、其他
故障发生频度	周期性、经常、仅一次、不定期 注:如果属于周期性故障,还要询问以往是否维修过(维修时间及内容)
故障时工作状态	冷机、热机、启动、行驶挡位、是否开空调或其他
故障时天气或气温	雨天、雪天、晴天、高温或低温天气
驾驶习惯	熟练者或新手;习惯开快车;驾驶时急加速、急刹车
故障时行驶状态	车速、加减速(急/缓)、滑行、启动、怠速、巡航等

4.2.4 故障诊断及维修项目确认

维修工作内容确定得是否准确，对下一步的维修工作实施起着很重要的作用，决定着维修工作的效率和质量。

服务顾问要认真细致、善于倾听、善于对客户进行专业引导，让客户正确地描述故障现象。根据客户描述的故障现象，服务顾问要做出准确的检测诊断或故障判断，确认故障后填写接车单。

维修技师通常是根据接车单的内容进行维修操作的。由此可见，维修接车单可以引导车间主管派工的方向、指明维修技师的维修方向、掌握质检时所需确认的关键项目。如果接车单出现问题特别是技术性错误，那将对维修工作造成很大的麻烦，很容易给客户带来经济损失。

同时，问诊是服务顾问接车流程中的一项重要工作，是客户所看重的一个环节，如果不能做好问诊，就会引起客户的不满，影响合作关系。

因此，作为服务顾问除了要听清楚客户对车辆故障的描述外，还要针对不同的故障现象，引导客户补充必要的故障说明以供故障诊断时参考，同时，在诊断过程中，服务顾问还要善于发现客户故障描述以外的问题。

如果需要车间技术骨干协助进行故障判断，可以邀请维修技师或技术总监进行故障判断，如图 4-4 所示。

对客户车辆问诊的一般步骤如下：

问询故障情况。如表 4-5 所示，服务顾问应该了解客户车辆出现故障时的情况，例如，故障出现的时间、故障出现时的现象、在何种路面情况下出现、在什么天气或温度下出现和在何种工况时出现等。如果属于周期性故障，还要询问以往是否在其他地方维修过以及维修过什么内容等。要注意，不同的故障所询问的内容不尽相同。

图 4-4 邀请车间人员进行故障判断

核实故障现象。问清楚故障现象后，要根据故障情况进行核实，必要时邀请车间主管或试车员进行试车确认。做好核实工作是非常重要的，因为客户本人并不都是汽车专业人士，有的客户对于汽车的认识不是很全面，有时很难说清楚是哪个系统出了故障或者客户对故障判断有误，如果照搬客户的叙述直接制订工作单而不进行核实，就有可能使下一步的维修工作陷入误区。

制订维修施工单。在与客户交流以后，要准确地判断故障，用专业的描述制订维修施工

单,以便维修技师进行专业化维修作业,这就要求服务顾问具有较系统的汽车维修理论知识和实践经验。

我们可以通过下面的案例加深对上述内容的理解,并且可以知道,服务顾问不能作为一个简单的"传话筒",不能认为只要把客户的要求直接写在工作单上交给维修车间就算是完成了接车任务,要知道接车工作是整个维修工作的开端,而这个开端的好坏对维修工作能否顺利完成起着不可忽视的作用。

案例 4-1 故障现象询问得不清楚

客户报修说发动机早上有时启动困难。

服务顾问按照客户描述的故障制订了"早上启动困难"的维修接车单。车间维修技师按照发动机启动的三要素(压缩压力、点火及空燃比)进行检查,却没有发现异常,在试车时也没有出现启动困难的现象。无奈之下只好交车,就在准备交车的时候却发现发动机真的不能启动了,同时也发现了不能启动的真正现象,即在启动发动机时,启动机一点反应也没有。

经检查,问题是启动机的蓄电池供电端子的线插头腐蚀松动,造成蓄电池电源不能供给,使启动机不能工作。经过处理,很快排除了故障。

问题:此案例给我们什么提示?

案例 4-2 不能"听信"客户的故障现象描述

客户报修说车辆行驶在上坡路段时自动变速器有打滑现象。

服务顾问通过问询客户后得知该车在平坦路面行驶没有问题。但在上坡行驶时发现发动机转速有时会突然升高。客户怀疑是变速器打滑。

为了确诊该故障,服务顾问请求车间主管进行试车确认。在按照客户指定的路段进行试车时,发现在上坡行驶时的确有发动机转速升高的现象,但车间主管判断该故障并非自动变速器打滑,而是因为车辆在上坡路段行驶时发动机输出动力不够而导致自动变速器自动降挡升扭,因为降低了挡位,发动机转速自然升高。

由于故障确诊准确,在更换了火花塞、汽油滤清器及清洗喷油器后,发动机动力得到改善,故障消除。

交车前再试车,该故障不再出现,并向客户解释原因,车主满意地将车开走。

问题:故障确认的重要性和故障确认的方法是什么?

4.2.4.1 故障诊断的方法

(1)故障问诊的一般方法。故障诊断时一般采用互动式问诊方法,因此必须做好倾听、询问和互动式诊断三个方面的工作。服务顾问通过与客户的交流,了解车辆故障情况,同时与客户建立感情,方便工作的进一步开展。

提问的目的是引出话题,同时给出对话方向,在客户参与的情况下双方获得相互信任,获得客户的认同,使合作关系更融洽。

向客户提问和回答客户问题时,要用通俗易懂的语言,对客户的不同意见要进行耐心的解释。

(2)向客户介绍故障问诊的内容。向客户介绍即将进行的故障问诊工作,目的是消除客户对未来的不确定结果而产生的心理影响。一般采用客户利益、服务和产品本身特性相结合的介绍,即从客户感兴趣的地方开始,目的是给客户一个具体的印象,满足客户的需求,说明即将开始的工作"它是什么"即具有什么特性;"它具备什么"即能具备的优点;"它能做什么"即客户能获得的益处。

(3) 有目的地问询。在互动式问诊时,通过分析客户的故障描述,确定故障发生的基本情况。可通过查看维修记录、试车、请求技术支持(当服务顾问自己解决不了时)等一系列手段进行诊断,对故障做出快速、准确地判断。

向客户了解故障现象时要全面,询问时要认真细致,问诊的时间不能太短,对于客户描述的情况,在记录要点的同时应及时重复确认无误。通过问诊,可以更多、更准确地了解客户的需求,同时也可以为公司挖掘潜在的利润。

(4) 确定此次工作的类型。通过上述工作,可以确定此次维修工作是属于免费保养、常规保养、故障维修、车辆大修或其他类型。

4.2.4.2 隐性故障的发现

车辆隐性故障的发现难度较高,要求服务顾问具备较全面的汽车故障判断能力,通过一些现象的分析帮助找出隐性故障。

① 检查轮胎的表面花纹磨损程度和表面损伤情况。正常情况下的轮胎磨损应该是均匀的,如果发现磨损不均匀,就表示车辆存在故障隐患,具体见表 4-6。

表 4-6 轮胎非正常磨损的现象和主要原因

现象	主 要 原 因
轮胎两边磨损严重	轮胎充气量不足或汽车长期超负荷行驶
轮胎中部磨损异常	轮胎充气压力过大
轮胎一侧磨损过大	轮胎定位失准
个别轮胎磨损大	车轮的悬挂系统失常、支承件弯曲或车轮不平衡
轮胎斑秃状磨损	轮胎动平衡不好
轮胎锯齿状磨损	前轮定位调整不当或悬挂系统位置失常、球头松动

② 检查蓄电池显示窗状态和蓄电池正负接线柱是否清洁,可以知道蓄电池、充电系统是否有问题。

③ 查看组合仪表各警告灯和指示灯,可以知道相应的故障。

④ 注意车身的缝隙变化,可以知道车身或钣金件的损坏情况。

⑤ 查看发动机外部是否有油渍。

⑥ 发动机启动是否怠速灵敏,发动机运行时是否平稳不抖动、声音平顺、没有杂音或非固定频率的噪声。

⑦ 查看润滑油、制动液、方向助力液、冷却液和风窗清洗液的液面高度及质量。

4.3 维修费用的确定

维修费用解释与确定的内容包括换件项目、数量、单位、单价和金额,以及工时费用估价、材料费用估价和总价估算。

(1) 预估费用。服务顾问应灵活选用不同方式的估价,估价要准确,预估费用与实际发生费用相差不要大于10%;如果属于保修范围,应该明确告知客户。

如果是常规维修项目和常用的维修备件,则服务顾问可预先在接车时口头向客户说明维修预估费用,并口头征得客户的同意,但是仍然要打印估价单并请客户签字确认。如是不常

见的维修项目和维修备件，则在车前接车时只记录维修项目，并向客户说明维修项目，待估价单打印之后再正式向客户说明预估费用。

如是免费项目，则向客户说明此次减免的费用金额，并请客户在估价单上签字。

（2）追加费用。由于有些故障的涉及面广且具有隐蔽性，因此会发生追加的维修内容（即维修内容变更），所以相关的费用就只有在维修过程中进行计算。

（3）实际发生费用。应该向客户说明目前的费用是预估费用，实际费用要在维修工作完成后才能确定。

在进行维修估价时，一般采用系统估价，即按照故障所涉及的系统进行维修收费估价。对一时难以找准故障所涉及的系统时，也可以采用现象估价，即按照以排除故障为目标进行的维修收费，但是这种估价方式风险大，定价时应考虑估价风险。

估价时要结合维修内容，如果技术含量不高、市场有相应行价或客户指定维修的，可以用项目估价，即按实际维修工作量收费，这种方式有时并不能保证质量，应事先向客户作必要的说明。

话术　维修费用

> "您车辆的故障比较特殊，需要经过维修技师的诊断后才能确诊，不过您放心，我们的故障诊断是免费的。"
>
> "您此次维修的工时费是××元，材料费是××元，共计××元。"
>
> 免费项目说明："按规定此次作业是免费的，免费金额为××元"

4.4　维修时间的确定

确定维修时间时要根据公司目前的生产情况，并留有一定的余地，特别要考虑汽车配件供应的情况。

（1）按维修计划预估维修所需的时间。服务顾问向客户预先说明维修预估时间，如果是常规维修项目和常用的维修备件，则可预先在接车时口头向客户说明，并口头征得客户的同意，但是仍然要客户签字确认。如果是不常见的维修项目和维修备件，则在接车时只记录维修项目，向客户说明维修预估时间，待确定后正式向客户说明维修时间。

维修预估时间不包括新发生的追加维修项目所耽误的时间。注意维修预估时间与实际维修时间相差不要超过30min。

（2）实际维修时间。实际维修时间要考虑追加项目、配件短缺和外协服务所耽误的时间。

① 根据确定的维修项目，确认配件库存。如果发现配件库暂无配件，应该向客户表示歉意，同时说明配件到货时间和价格，请客户确定是否进行维修。如果客户取消作业，礼貌地送别客户。

② 如果需要外协服务，应向客户说明并得到客户确认后才可以进行维修。如果客户取消作业，应该向客户表示歉意，礼貌地送别客户。

4.5　承诺维修质量

在维修业务洽谈中，要向客户明确承诺质量保证，同时向客户介绍公司承诺的质量保证的具体规定。

任务4 进厂检验

表4-7 维修估价单

联系人：		电话：		车牌号：		车型：		发动机号码：		车架号码：	
预计入厂时间： 年 月 日									预计出厂时间： 年 月 日		

维 修 项 目	工时费	换 件 项 目	数量	单位	单价	金额
工时费合计：		配件费合计：			合计：	

接待员：	保险公司经办人（签名）：	估价人：
经办人：	审批：	客户代表：

备注：

说明：
①本估价单有效期为_____天；②如蒙惠顾请先付定金_____%；③本估价单内未列项目，如须修理，另追加计费；④车辆在本公司修理，若非人力所能抗拒之事发生，本公司恕不负责；⑤本估价单是根据客户要求进行估价，如该车未在本公司修理请支付估价费，计费方式按总价的_____%计费；⑥车上贵重物品请自行保管，本公司恕不负责保管；⑦报价内容仅供参考，结算时以实际维修费用为准。

应该明确说明维修配件的质量,并向客户说明维修配件的质保期,并在"维修估价单"(表4-7)上说明。一般拒绝使用客户自购配件和客户要求使用的副厂件。

4.6 进厂检验流程的实施

4.6.1 进厂检验流程关键点

在进厂检验环节,服务顾问直接与客户接触,客户也开始直观评价汽车维修企业的服务水平。为了高质量地完成进厂检验环节,提高客户满意度,服务顾问应该在工作流程中做好以下工作。

首先要做好接车准备工作(具体见图4-5),查阅客户资料和预约登记表,了解客户和客户车辆情况,协调其他部门做好准备。

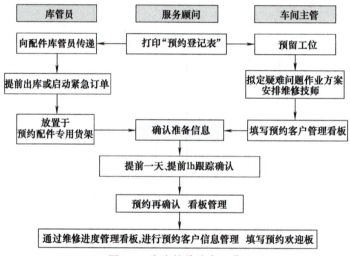

图4-5 客户接待准备工作

做好预约客户提醒工作,核实客户是否按时到达。进行预约客户信息管理,填写预约欢迎板。

其次要做好客户接待工作(如图4-6所示),服务顾问要站在可以第一时间看到客户的位置,带好工作用具准备迎接客户。

最后要做好维修项目的确定工作。服务顾问应主动向客户说明各种服务项目,并据此拟定估价、估时和预计的交车时间,并征得客户同意。

由此可见,"进厂检验"流程的关键点是接车准备、迎接客户、问诊、环检、向客户说明维修项目、确定报价和确定交车时间等。

4.6.2 进厂检验流程的步骤和执行标准

服务顾问按要求执行进厂检验流程,不但可以了解客户的需求,为客户提供优质服务,还可以提

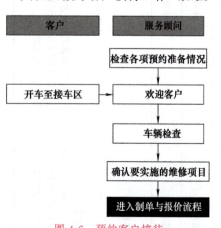

图4-6 预约客户接待

高客户对服务顾问的信任度，与客户建立良好的关系，向客户宣传定期保养的重要性和其他的对客户有益的服务及产品。

为了更好地完成进厂检验流程，我们必须依据其关键点的要求做好各项工作。

4.6.2.1 行为规范

在接待客户时，服务顾问应该精神饱满，热情有活力。当客户到达时，应该及时迎接客户，问候客户。

主动询问客户是否预约及需要的服务项目。

如果是预约客户，在互动检查后，直接引领预约客户到预约客户接待处，进行优先办理，并做好标识。

问询客户姓名、地址、联系电话，查验行驶证、保养手册、保险单据等相关手续资料，并做好记录。

主动礼貌热情地引导客户一起进行环车检查，当着客户面放置防护用品。并详细记录在互动检查表上（必要时进行路试）。对于客户提出的问题，耐心及时地解答。

检查时，仔细倾听客户对车辆故障的描述，根据客户所描述的故障情况，通过检查确定维修内容。根据检查中发现的问题，提出合理的维修方案，同时对客户进行解释。

主动告诉客户公司推出的各种服务活动、优惠项目和免费检查项目，请客户选择。

主动向客户说明索赔范围，询问客户是否保留维修旧件。

提醒客户带走贵重物品。

进行维修工单的制作，让客户确认检查结果并在互动检查表上签名确认。

4.6.2.2 语言规范

与客户见面时对客户表示问候和感谢，进行带有服务品牌的自我介绍，加深客户印象。"您好，×先生/女士，我是×××4S店的服务顾问××。"

为了对预约客户表示感谢和鼓励客户继续预约，应该对预约客户进行差异化的服务。服务顾问应该提前通过欢迎看板，了解客户的信息，直接称呼客户姓氏，并告知其能享受的待遇。"您好，×先生/女士，谢谢您准时履约。您的维修零件与维修技师我们已经安排好，待环车检查后，我们就可以马上开始工作了。"

主动热情地告知客户应该注意的相关事项。在寻求客户的帮助时，应该告知客户目的，并表示感谢。"您好，×先生/女士，请把您的行驶证给我看一下，我帮您做一下登记。""我们将需要8～10分钟的时间对您的车辆进行检查，必要时会进行路试，以便确定故障。"

认真倾听客户对故障的描述，对于清晰的问题要加以重复，寻求确认，不清晰的应该主动询问客户，做出相应的诊断。"好的，我明白了，您说前面右侧门的窗户不能升降了。""×先生/女士，您说在车辆行驶时会听到变速箱有异响，是吗？"在得到客户的肯定回答后，问清楚故障的有关情况，为进一步进行故障确认提供依据，"您听到异响的时候是在正常行驶中还是换挡时呢？"

随时根据预检的情况与客户进行沟通，告知客户车辆检查情况，寻求客户的认同。要适时结合促销政策，对客户进行营销和常识提醒。"我看到您车的轮胎已经磨损了，而且快要到达安全极限了，需要更换轮胎。目前我们正在做轮胎的促销活动，我们可以以优惠的价格帮您的车更换一套新轮胎。""×先生/女士，我看车的汽油不多了，一会保养完，请别忘了先去加油。出门右转40米就有个加油站。""×先生/女士，您车的行驶里程马上要到保养期了，您这次车辆维修时要不要将车辆的保养一起做呢？"

在预检过程中，如果要打开行李厢或车内的手套箱时要先征得客户的同意，"×先生/女士，我可以打开手套箱检查××吗？""×先生/女士，我能打开一下行李厢吗？"

在预检过程中，对互动检查表上的每一个项目都应该把登记结果一一说出，以便获得客户的确认，避免随后产生异议，对于免费服务项目一定要明确告知客户。"×先生/女士，您看一下，您的爱车行驶里程是95378千米。""×先生/女士，车的燃油油表显示油箱里有一半的油，请您确认一下。""×先生/女士，维修更换下来的旧件是否还要留存？""×先生/女士，维修完成后我们会免费为您洗车，可以吗？"

做完互动检查，客户签字确认后，应该运用肢体语言和话术配合引导客户前往服务接待区域办理维修工单。"×先生/女士，请您看一下互动检查表，没有问题的话，请您签字确认，谢谢。""请您随我来服务接待台办理一下维修工单。"

对于第一次到来的客户，应该在制单前帮助客户确认并建立相关信息。"×先生/女士，为了方便以后工作，更好地为您服务，我们需要建立客户档案，需要了解您的一些信息，可以吗？"

对于再次到来的客户应该在制单前核实客户的相关信息。"×先生/女士，我们帮您核对一下客户信息，请问您的电话号码是××××，您的住址××××，对吗？"

依据客户报修的内容填写维修工单，并说出维修工单中所填写的内容，以便和客户进行再次确认，目的是避免遗漏项目或者产生有异议的项目。"×先生/女士，您维修项目是×××，完成这些项目，工时大概40分钟，费用是380元。"

在每次谈话结束前，要询问客户是否还有其他未解决的问题。"请问还有什么能为您效劳的吗？""请问您还需要其他的帮助吗？""×先生/女士，请您看一下维修工单，如果没有问题请您签字确认一下。谢谢。"

二维码4-1
实施进厂检验流程的行为规范和语言规范

微信扫一扫，
观看三维模拟动画，
听取专业话术录音

4.6.2.3　辅助工具

（1）互动检查工具。为了更好地完成车辆检查，要求服务顾问必须使用简单的互动检查工具。为携带方便，服务顾问可以配备腰包，装入上述工具。

（2）互动检查表。互动检查表（见表4-8）一式两联。服务顾问在进行互动接待时，要手持此表格。每检查完一项，都要在表格中准确记录并与客户沟通。检查完毕，服务顾问请客户确认签字，互动检查表第一联归档备查，第二联给客户。

表4-8　互动检查表

互动检查表

是否互动检查_____　　日期_____　　客户姓名_____

行驶里程_____　　预约时间_____　　联系电话_____

客户陈述故障发生状况：

故障发生状况提示：行驶速度、发动机状态、发生频度、发生时间、部位、天气、路面情况、声音描述

续表

检查确认内容			
车厢内		行李厢	
仪表指示		警示牌	
手刹		灭火器	
排挡系统		备胎	
行李厢开关		发动机舱	
空调系统		冷却液	
音响系统		助力液	
点烟器		玻璃水液面	
天窗系统		发动机润滑油	
雨刮系统		蓄电池桩头	
灯光系统		变速器润滑油	
倒车镜功能		各类水管	
安全带系统		底盘	
喇叭		轮胎	

说明:以上各项检查的空格后面用"√"或"×"分别表示对应的检查项目是否正常

车身外部情况标注

O—车身损伤 Q—漆面损伤 Z—外部灯光损坏
贵重物品提示:有□ 无□ 已带走□

燃油量标注

客户签名:　　　　　　　　服务顾问签名:

4.6.3 进厂检验实施训练

4.6.3.1 训练要求

在训练中,要围绕故障原因、维修时间、维修价格和维修质量等客户主要关注的问题,利用相关的内容进行演练,目的是通过模拟工作环境,学习进厂检验内容,达到学习要求。

4.6.3.2 话术范例

欢迎话术:"您好,欢迎光临××××售后服务中心,我是服务顾问××,请问您需要什么服务?"

与客户初步确定委修项目,并征询客户意见时的话术:"根据诊断的结果,可能需要维修×××,所以我们建议进行×××项目,您看可以吗?"

主动提醒客户是否还有其他项目需要维修的话术:"请问车辆还有其他问题吗?"

"您好,我想请您一起对车辆进行全面检查,大概占用您五分钟时间,感谢您的配合。"

"您的车保持的很干净,我现在为您的车套上六件套,这样维修期间不会弄脏您的车。"

4.6.3.3 流程演练

参考图 4-5 和图 4-6 的内容和要求，按照工作情景（如图 4-7 所示）完成进厂检验环节的情景演练，要结合教学车辆完成流程、话术和实际操作部分学习。

图 4-7 环检工作情景

4.6.4 角色扮演考核

根据前面学习的内容，根据此环节的主要工作步骤，主要在服务顾问的仪容仪表、接待礼仪、车辆环检及故障确定、维修工单制订和解释及客户确认等方面进行情景考核。

4.6.4.1 接车准备

在实施接车之前，要在服务顾问个人的仪容仪表、接待区域的整理、客户信息和接待用具等方面做好准备。规范的接车准备主要有：

服务顾问按要求整理好个人的仪表仪容，接车区域和办公区域环境的 5S 整理。

对预约客户车辆的维修配件确认，确保配件供应。

服务顾问准备好工作用品，如随身带名片及笔、准备好六件套、准备好预检单和维修工单、准备好车顶牌和钥匙圈等。

对于预约客户，服务顾问还需准备已打印好的预约委托书，了解客户预约的服务项目，与任务委托书配合使用。

及时更新维修看板，服务顾问要记住预约客户和已接待过客户的车牌及姓名。

4.6.4.2 迎接客户

当客户车辆驶近时，服务顾问应该及时引导客户将车辆停放在适当的车位。待客户车辆停稳后，主动为客户打开车门，礼貌地把客户请下车。客户下车后（注意在雨天必须为客户撑伞挡雨），服务顾问要主动伸出右手与客户握手致意，问明客户来意。与客户交谈时要与客户保持适当距离，目光平视客户，面带微笑。

4.6.4.3 问诊

问诊是为了进一步确认客户车辆的故障现象，以便深入探讨故障原因，为制订维修方案提供依据。

问诊流程主要包括询问故障现象、故障的再现确认和推测故障原因。问诊时间最好控在 3min 以内。

问诊时要倾听客户述求，用 5W2H 问诊技巧与客户交流，在做故障记录时要记录客户的原话。注意在问诊时不可随意打断客户表述，对没有听清楚或没有听懂客户说话的内容时要礼貌地要求重复。

在进行故障诊断与确认内容时，如果需要路试则必须征得客户同意后进行。疑难故障由车间进行检测和诊断。如果是返修项目，应该及时告诉服务经理。

故障确认后要告诉客户故障原因，并耐心解释客户疑问。同时要与客户初步确定委修项目，并征询客户意见。客户认可后，还要主动提醒客户是否还有其他项目需要维修。客户认可维修项目后，在接车单中填写相关故障现象、维修意见和建议。

4.6.4.4 环检

车辆的环检环节主要检查和确定车辆的功能、查看并提醒客户保管好随车物品和对车辆的外观进行检查和确认，目的是检查车辆，做好车辆的交接和车辆情况的确定工作。

（1）基本要求　在进行环检前要做好准备工作，如携带六件套、预检单、车顶牌、钥匙扣、小毛巾（随时可以擦拭所需检查部件）、小手电（随时可以查看车辆内部较暗的部分）和储物袋（放置车主车内的贵重物品）。

对预约客户，服务顾问要准备好预检单，填写好预约时已经知道的内容（如客户姓名、车牌号、电话和维修项目）。

在接触客户车辆之前必须当着客户面使用六件套对车辆进行防护，切忌先进行环检后套六件套。注意即使没有车内维修项目也要使用六件套，目的是体现品牌服务的规范性。

从客户手中接过车钥匙，打开驾驶侧车门，拿出六件套，套上方向盘套、主驾座椅套和排挡杆套，铺好主驾位脚垫。打开副驾驶侧车门，套上副驾座椅套和铺好副驾位脚垫。

在安装六件套之前，要与用户做简单交流，忌只做不说，"×先生，让我们一起做个环车检查，确认一下车辆状态，为防止在维修过程中把您的车弄脏，我先给您的爱车安装防护用品，请您稍等一下。"

服务顾问要引导并陪同客户一起对车辆进行环检。引导客户时，服务顾问要伸左手，张开手掌，胳膊抬至 70°左右，指向车辆停放或待检区域，引导客户前往。服务顾问要走在客户左边，行进中如遇有大门，要先为客户打开，并站在门旁指引客户。出门后，与客户保持齐平位置，走在客户左边。

在陪同客户一起走到车旁的过程中，服务顾问要与客户轻松而自然地交谈，可以询问客户车辆近况等问题。

如果是接待预约客户，要主动称呼客户姓名贵称，要说明自己已经在等待客户光顾，同时说明对客户车辆情况的了解程度。

在进行环检时，要实时将检查的结果告知客户，同时适当对客户的车辆进行赞扬。

检查中发现问题时，服务顾问要手指向问题点，引导客户观看；通过"您看这儿"等词语，结合手势动作引导客户观看。

如果客户用手触摸后，起身后递上一块纸巾给客户擦手。

提示客户带走随身贵重物品并提示客户取出相关资料。如需打开储物箱，先询问并征得客户同意；

环检常用的话术有："您好，请随我一起。我们对您的车全面检查一下，您这边请。""现在让我们一起来确认一下您车辆的外观情况。""为了防止在维修过程中弄脏您的车辆，我们要使用方向盘套、座椅套和脚垫等护车套件。""我们车间已经做好了相应的准备，维修工作会很顺利进行。""您这次是预约的××××项目，我们已经做相应的安排。"

(2) 环检流程　如图4-8所示，以"车内-左前方-正前方-右前方－右后方-正后方-左后方"的环车检查流程，说明检查内容和要求。

根据《任务委托书》(《接车单》)规定的标注方式，对照"功能、物品、外观确认"等项目逐项查看，检查车辆的基本情况并进行记录。

检查及记录的内容主要有以下几项。

车内检查：里程表、燃油量、方向盘、玻璃升降器、仪表台、内饰和物品等。

车辆左侧检查：车门、门锁、铰链、轮胎、漆面、后视镜、装饰件等。

车辆前侧检查：车灯、漆面、雨刮片等。

车辆前脸检查：发动机机舱盖、线束、各种油液检查等。

车辆右侧检查：车门、门锁、铰链、轮胎、漆面、后视镜、装饰件等。

车辆后侧检查：车灯、漆面、后备厢、备胎、灭火器、工具及物品等。

检查时要注意提醒客户保管好车内的贵重物品，以增加客户满意度。同时询问客户车辆使用情况及本次计划的维修项目。询问时要使用开放式问题，如"何时发生的?""什么路况下出现问题?""问题发生时有什么表现?"等。

在询问过程中，目光与客户接触，并用笔进行适当记录，同时向客户介绍检查结果。

注意在环车检查时，应该爱护客户的车辆，开关车门和前后舱盖的动作要轻柔，打开后备厢盖要征得客户同意。

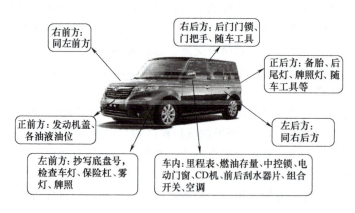

图4-8　环检流程

① 车内检查　进行车内检查时应该邀请客户坐到副驾驶位一起进行检查，共同对车况进行确认；如客户不乐意配合，则由服务顾问单独进行，最后将检查结果向客户说明并请客户确认。

服务顾问与客户一起检查完车内情况后，服务顾问要下车为客户拉开副驾驶车门，请客户下车。注意这时环车检查的顺序从车辆副驾驶位置开始按逆时针方向检查(右前方-正前方-左前方－左后方-正后方-右后方)。

如客户站在车外(服务顾问坐在主驾驶座)与服务顾问一同检查车内情况时，服务顾问在车内检查完毕后下车，从车辆主驾驶位置开始按顺时针方向检查(左前方-正前方-右前方-右后方-正后方-左后方)。

具体检查步骤和要求如下：

服务顾问坐在主驾驶处，把点火钥匙拧到"ON"挡位，查看并记录行驶里程和燃油存量。

对车辆功能进行检查，检查项目包括中央门锁、全车升降器、灯光、前后刮水器、音响、组合开关、空调和手刹等情况。

启动车辆，查看故障灯，了解是否有其他故障。检查离合器和刹车踩踏时的助力情况，检查方向盘转向时的自由间隙和助力情况及是否有异响。

环视车内，检查车内内饰，是否存在有污渍、破损、色斑和变形情况；看是否有客户遗留的贵重物品。

检查时要及时将检查结果告知客户并进行标记。

车内检查完毕，服务顾问要及时将车辆恢复到检查前的状态，并在下车前将发动机机舱盖及后行李厢盖解锁。下车并关上驾驶座车门。

检查时应该及时与客户交流检查情况，建议采用话术，如"×先生/女生，您的车辆还有 1/4 箱的燃油，请您核实一下。""您的车的仪表系统工作一切正常。""我可以打开您的储物箱吗？"

车内检查完毕后，服务顾问邀请客户一起进行车辆外部检查。

② 环车检查前部　服务顾问在前风挡玻璃侧左前方抄写车辆底盘号和牌照，检查前挡风玻璃是否损伤和雨刮片是否有硬化和裂纹。检查保险杠、漆面等处的划痕、凹痕等漆面损伤。

检查车灯总成是否有损伤。

打开发动机机舱盖，检查所有油液存量和质量、是否有漏油漏水现象。

抽出机油尺检查机油品质和存油量（如机油品质差，服务顾问应该建议客户进行更换），同时关注其他部位的油液情况，包括刹车油、助力泵油、玻璃水等液面情况，如存量偏少则提示客户需要添加，对价值不高的油品建议给客户免费添加，在交车时给予说明，提高客户满意度。

检查发动机机舱盖处是否有划痕、凹痕、漆面损伤等。

检查时，要特别关注经营性项目，如车辆漆面是否有损伤和车身是否凹凸变形等情况。如存在缺陷需向客户明示并在委托书标注，同时建议客户进行修复。

检查前风挡玻璃、车窗玻璃是否存在破损，如有破损需进行标注，同时建议客户更换。

为了更好地向客户了解车辆问题和让客户知晓车辆现状，检查时服务顾问要就有关问题与客户沟通。沟通时应该采用标准话术，如"您的车最近开起来，感觉有什么问题吗？""您能大致给我形容一下，出现您刚才说的问题时车辆当时的情况吗？""您说的车辆异响就是这个声音吗？""您车辆的×××正常，请您放心。"

③ 环车检查侧部　引导客户走到车辆侧部，注意检查车身外观、车门及车窗升降工作情况和检查轮胎、刹车和悬架等情况。

左前侧检查：检查车身外观情况，如左前车门、车窗玻璃、门把手、门锁、铰链、后视镜、装饰件、翼子板、发动机机舱盖等处的划痕、凹痕、漆面损伤。检查轮胎及刹车片的磨损情况及可以看到的悬挂系统部件情况。检查左前轮胎是否有不均匀的磨损、裂纹，如临近磨损极限或有明显剐蹭痕迹，同时建议客户更换。轮饰盖是否完好。检查左前侧座椅有无损伤，是否有贵重物品遗留在车座上。

左后侧检查：检查车身外观情况，如车门、车窗玻璃、门锁、铰链、装饰件、翼子板、行李厢盖等处的划痕、凹痕、漆面损伤。检查轮胎及刹车片的磨损情况及可以看到的悬挂系统部件情况。检查左后轮胎是否有不均匀的磨损、裂纹，如临近磨损极限或有明显剐蹭痕迹，同时建议客户更换。轮饰盖是否完好。

检查后座椅左侧是否有损伤，检查是否有贵重物品遗留在车后座上。

右后侧检查：检查车身外观情况，如检查右后车门、车窗玻璃、门把手、门锁、铰链、装饰件、翼子板、行李厢盖等处的划痕、凹痕、漆面损伤。检查轮胎及刹车片的磨损情况及可以看到的悬挂系统部件情况。检查右后侧轮胎是否有不均匀磨损和裂纹，如临近磨损极限或有明显剐蹭痕迹，同时建议客户更换。轮饰盖是否完好。

检查右后侧座椅有无损伤，是否有贵重物品遗留在后车座上。

右前侧检查：检查车身外观情况，如检查右前车门、车窗玻璃、门把手、门锁、铰链、后视镜、装饰件、翼子板、行李厢盖等处的划痕、凹痕、漆面损伤。检查轮胎及刹车片的磨损情况及可以看到的悬挂系统部件情况。检查右前侧轮胎是否有不均匀磨损和裂纹，如临近磨损极限或有明显剐蹭痕迹，同时建议客户更换。轮饰盖是否完好。

检查右前侧座椅有无损伤，是否有贵重物品遗留在车座上。

在检查时，服务顾问要就有关问题及时与客户沟通，目的是让客户了解车辆存在的问题和解决办法。沟通时应该采用标准，如"检查的结果是×××，我们准备用×××解决。""下面我们来看一下前面。""车辆轮胎和刹车状况很好，但是刹车片已经薄了，请您看这，刹车片现在是××毫米，要求是××毫米，估计还可以用×××公里，建议您本次一起更换了，省得您专为换刹车片再跑一趟。"

④ 环车检查后部　引导客户至车辆后部，并检查后部车身外观，征得客户同意后打开行李厢，检查备胎、灭火器和随车工具等，检查时可以简单介绍备胎及工具的使用方法。注意检查行李厢放置的物品，特别是是否有贵重物品，最好提醒客户取走行李厢的存放物品。

检查内容主要包括后尾灯、牌照及牌照灯和行李厢灯，检查漆面是否有划痕和凹痕等漆面损伤。检查后风挡玻璃是否存在破损，检查后雨刮片是否有硬化和裂纹。如有破损需进行标注，同时建议客户更换。

在检查时，服务顾问要就有关问题及时与客户沟通，目的是让客户了解车辆存在的问题和解决办法。沟通时应该采用标准，如"我能打开您车辆的后备箱，检查一下工具及备胎吗？""您好，×先生，请带好您的贵重物品。""这里是寄存袋，请收好您的物品。"

在与客户进行环车检查过程中，可以比较随意地与客户聊些有关客户的爱好、车辆的使用情况等方面内容，通过与客户的交谈拉近与客户之间的关系，分析客户类型，为以后的客户分类积累素材。交流的话术如"您车的外观保养的真好，一看你就是非常爱惜于车辆的人。""您有没有参加各种自驾游之类活动的爱好啊，我们公司经常有这种活动，如果可以的话，下次我通知你一下，请您也和大家一起出去玩玩"

在询问车辆故障症状时，应该注意运用询问技巧。服务顾问可以利用"听到什么噪声"、"闻到什么气味"、"看到了什么现象"、"驾驶时的感受"和"驾驶时发动机性能表现"等反映故障症状的现象向客户提问，帮助客户把故障症状描述清楚。

如客户描述故障现象时说"在行驶的时候，每当加速，车辆就会出现抖动"时，作为服务顾问，应该怎样向客户提问，进一步弄清故障原因呢？

服务顾问正确的做法应该是使用描述性的问题询问客户：

①"当车辆发生抖动的时候您的车速是多少?"
②"车速降到多少的时候抖动停止?"
③"抖动时车辆发出什么样的声响?"
④"这个状况出现了多久?"

在询问客户时,除了上述问题外,还要询问一些封闭式的问题,有针对性地了解情况,如:

①"当车辆抖动时发动机是不是熄火了?"
②"当车辆加速的时候发动机是不是熄火了?"
③"车辆的抖动是不是严重到影响驾驶?"

环检时切忌出现下面问题:
① 环检不细致,记录不齐全。
② 未遵循环检顺序,随意性较大。
③ 未向客户进行贵重物品提醒。
④ 不填写故障描述而直接填写维修项目。
⑤ 未详细准确地记录故障现象,影响维修技师对故障的判断,从而影响维修质量,为返修埋下隐患。

上述检查工作完成后,服务顾问引领客户至接待台,转入制单环节,"下面请您随我到接待室,我们一起制作维修工单,您的车我已经替您锁好了。"

根据整体检查结果在"检查项目综合描述"栏进行描述,重点记录缺陷项,同时针对不能用标记标明的内容也在此进行说明。

二维码4-2
环检实施情景

微信扫一扫,
观看三维模拟动画,
听取专业话术录音

任务要点总结

影响汽车维修服务企业服务质量的原因除了维修管理、技术水平、设备或零件供应等问题,服务顾问的专业技术水平和问诊技巧也是一个重要原因。

服务顾问是汽车维修服务企业与客户交流的第一关,他们的工作是否到位,对下一步的维修工作起着很重要的作用。

做好环车检查工作,不仅对后一步的维修工作质量有着很大的影响,而且还可以减少纠纷。

服务顾问与客户在车辆报修停车区一起进行环检。环检时要认真彻底,服务顾问要有条不紊地对车辆的外观内饰和车辆的功能进行检查并确认。

服务顾问确定客户车辆维修项目的工作步骤一般分为问询故障情况、核实故障现象和制订维修施工单等三步。

思 考 题 ▶▶

1. 环车检查的作用和步骤是什么?
2. 服务顾问确定车辆维修项目的主要工作步骤有哪些?
3. 维修项目确认的主要要求是什么?
4. 汽车维修过程中服务顾问有哪些工作要做?

任务 5

签订合同

> **导入案例** ▶▶
>
> 【导入案例 5-1】 维修内容纠纷
>
> 　　服务顾问小李接到回访员通知，客户王先生预约 24 日上午 9 时进行车辆保养，同时检查 CD 机。
>
> 　　小李收到通知后，打印出一份预约登记表，并将其放在维修管理看板预约栏内，打电话向车间主管及配件主管进行情况告知。配件主管回复无所需要 CD 机配件，如需要订货，明天可以到货。
>
> 　　24 日 8 点，小李提前一个小时与客户王先生进行预约确认，客户王先生说准时到达。
>
> 　　在车辆检查中确认 CD 机已损坏，需更换，小李问询备件仓库是否有次配件，仓库回答订货未到。
>
> 　　小李将此事告诉客户王先生，王先生非常生气，抱怨到"我已经跟你说过了 CD 机有问题，需要维修，但现在却没配件，我预约了跟不预约有什么区别？难道还让我等更长时间吗？"

思　考

　　(1) 小李告诉车间主管及配件主管王先生预约保养，但是 CD 机的维修配件没有到货，是什么原因造成的？ 如何向客户说明，争取客户谅解？

　　(2) 如何落实准备工作是否已经做好？

任务5 签订合同

案例启示

1. 与客户签订合同前要注意落实维修所用配件是否有库存，如果没有库存则要订货。如果配件不能按时到货，应与客户协商更改维修时间，重新预约。

2. 因为没有进行实际检测，不能确定维修方案和配件需求，只能向客户说明可能的故障原因和对应所需求的配件，如果配件价值较高，应该询问客户是检查后再订购配件还是检测之前订购配件，并将客户的意见在维修合同中记录。

学习目标及要求

掌握签订维修合同的流程和要求，熟悉如何填写和向客户说明维修内容、配件和估时估价的方法。

学习内容

签订维修合同是为后面的车辆维修保养服务提供具体的依据和要求，对维修服务企业和客户都是一个约束，双方按照这一约定完成维修保养业务。

5.1 维修合同制作

在环车检查和故障确定并且与客户交流后，服务顾问请客户在接待厅入座，进行维修任务委托书的填制和签订维修合同工作。

（1）核实车辆信息。为满足车辆及客户资料输入电脑的需要，服务顾问应该向客户索取车辆资料和客户的基本情况资料。

① 请客户出示保修服务手册并核实车辆信息。

② 持续与客户做交流，交流并不只限于本次维修，也可以交流用车体会、维护保养建议或交通法规等。

③ 认真地聆听和记录相关信息在维修委托书上。

（2）确定内容。维修委托书是一个合同，要注意在客户签字之前必须向客户说明并核实以下问题（即"五项确认"）：

① 维修委托书中所确定的服务项目。

② 维修委托书中确定的服务项目的总费用。

③ 完成维修委托书中的服务项目所需的大概时间。

④ 是否要保留更换下来的旧件，存放在什么地方。

⑤ 是否洗车。

向客户重述维修项目，告诉客户维修内容、费用和预计完工交车时间，以及确定客户有无其他要求，请客户过目并决定是否进行维修。

如客户同意维修，打印汽车维修施工单，礼貌地请其在客户签字栏签字确认，询问客户联系方式，保证及时与客户进行情况通报。

注意提醒客户"维修估价单"中预计费用是预估费用，实际费用以结算单中最终费用为准。客户将车辆交修后，提示客户将车内贵重物品妥善保管。

提醒客户检查费用等相关事宜，询问客户维修旧件是否带走。"×先生/女生，请问您维修旧件需要带走吗？"

制单与报价流程参考图 5-1。

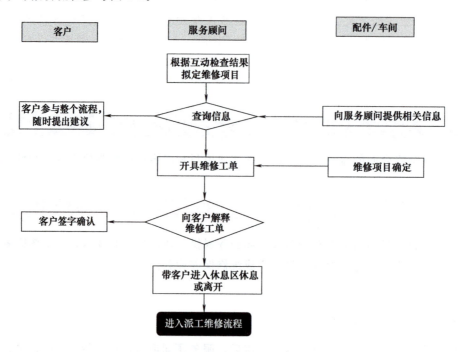

图 5-1　制单与报价流程图

如客户不同意进行维修或预约其他时间进行维修时，服务顾问应主动告诉并引导客户到收银处办理出门手续，领取"出厂通知单"（如表 5-1）。如进行的诊断或估价需要收费时，还应通知客户交纳诊断费或估价费。办完手续后应礼貌地送客户出厂，并致意"请走好，欢迎再来"。

表 5-1　出厂通知单

出厂通知单
_____先生/女士： 　　十分荣幸地通知您，您的车（车牌号码××××××）在本公司的本次维修服务已圆满完成。请您凭本通知单，领取车钥匙，再驾驶您的爱车，重返幸福之旅。 　　再次感谢您的光顾与合作！祝您一路顺利！   　　　　　　　　　　　　　　　　　　　　　　　　××××公司___年___月___日

（3）打印估价单。服务顾问将资料录入管理系统，生成维修估价单及汽车维修派工单（如表 5-2 所示），向客户解释相关内容，"请您稍等片刻，按规定我们要打印正式的电脑单请您过目和签字。""您车辆的维修项目是××，材料费是××元，工时费是××元，预计总维修费用是××元，预计××时间可交车，请您核对一下姓名、电话和地址，如果没有问题请您在这里签字。"得到客户确认后打印维修委托书（如表 5-3 和图 5-2 所示）。

另外还要注意将客户的车钥匙拴上钥匙卡，记录车牌号、汽车维修派工单号、服务顾问姓名、车型、车辆颜色和车辆停放位置等。

表5-2 汽车维修派工单

报修人			车型		
车牌号		进厂时间		出厂时间	
修理项目		工价	配件项目		料价
费用小计			费用小计		
修理天数			费用总计		

车主签名：

车辆维修评价：

维修质量：	很好□	好□	一般□	差□	很差□
响应速度：	很好□	好□	一般□	差□	很差□
服务态度：	很好□	好□	一般□	差□	很差□
维修及时性：	很快□	快□	一般□	慢□	很慢□

维修协议细则及条款

甲方：(车主)
1. 甲方选定乙方作为其车辆的维修单位。
2. 甲方车辆在乙方维修时，甲乙双方签订"维修委托书"。
3. 接受乙方定期质量跟踪回访。
乙方：(维修单位)
1. 为甲方车辆建立详细的车辆档案及维修档案。
2. 为甲方的维修车辆提供原厂配件，保证所有零配件符合国家标准。在不影响行驶安全的情况下，经甲方同意，乙方可以使用原厂之外其他专业厂家生产的配件或拆车件。
3. 对送修车辆应保证质量，按时完工，在维修过程中如发现其他故障需增加维修项目而延长维修期限时，应及时通知甲方，征得甲方同意后方可作业。
4. 守法经营，按章办事，遵循诚实守信原则，认真做好车辆维修任务，杜绝不良行为、维护甲方的权益。
5. 乙方提供上门接送报修车服务。

表5-3 汽车维修委托书

汽车维修委托书					
委托书号：		客户到达时间：		年 月 日 时 分	
送修人：		电话：		地址：	
车型	车牌号	底盘号	车身颜色	购车日期	行驶里程
故障描述			服务顾问初步诊断		
环车检查项目确认（状态良好的打"√"，存在缺陷打"×"）					
外观检查		内饰检查			存油确认
▼凹凸　▲划痕　◆石击　●油漆		▽污渍　△破损　◇色斑　○变形			
功能确认				客户财产确认	
中央门锁	玻璃升降器		灯光	碟片　随车工具　千斤顶　备胎	检查项目综合描述：
刮水器	音响		空调	其他物品：	

维修项目					
序号	修理内容	材料费	工时费	是否索赔	派工	维修技师签名
预计交车时间： 月 日 时 分 估计费用： 元（最终以时间发生结算金额为准）						

增修项目（维修中发现的新问题再与客户确认）					
序号	需增修项目	材料费	工时费	是否索赔	派工	维修技师签名
预计交车时间： 月 日 时 分 增修项目客户确认签字：						

旧件处理方式	质检员签字：	服务顾问签字：	客户送车签字：	客户接车签字：
□带走 □不带走，服务站处理	年 月 日	年 月 日	年 月 日	年 月 日

服务提醒：
1. 本公司已提醒客户交车时将车内贵重物品带离车辆并妥善保管，如有遗失与本公司无关；
2. 维修中因属于质量担保范围而予以更换的备件其所有权属于汽车厂家，由本公司按规定返还；
3. 本委托书中所列维修费用为预估费用，实际发生维修费用以结算清单为准；
4. 本次维修更换的旧件，如有需要请结算时带走，本公司不予保留。

24小时服务热线

第一联存根、第二联结算

图 5-2　维修服务管理软件的维修合同

5.2 维修合同的填写内容及注意事项

为了更好地编制维修合同，要了解客户及客户车辆相关信息。

① 服务顾问引导客户环检后，填写记录的客户及车辆基本信息。

② 填写公司基本信息。公司基本信息在维修合同中反映，内容为工单号、单位地址、联系电话、传真、投诉电话等。

③ 标明维修类别及维修项目、工时。说明维修项目及收费；换件项目（数量、单位、单价、金额）及工时、工价（机修工时、电工工时、钣金工时、油漆工时等）；收费项目（维修工费合计和材料费合计）。

④ 填写进厂时间、约定交车时间或修正交车时间，以及实际交车日期和出厂日期。

⑤ 解释维修条款。主要说明：客户交修车辆应自行保险，如发生人力不可抗拒的灾损，汽车维修服务企业不负责赔偿。客户本人同意维修服务公司进行车辆路试。客户的授权：委托授权汽车维修服务企业对无法修理的零配件予以更换，说明客户是否要求对此进行报价。客户同意支付公司单据所列修理人工费、配件及规定的管理费用。如果客户要求使用替换交通工具，应该提前安排好交通工具（出租车、往返汽车、替换车等）。客户是否带走非索赔旧件。

⑥ 签字确认。在相关的表格、维修合同等处，应该有相关人员签名，并填写正确的时间。

汽车维修合同（示范文本）参考如下：

托修方（甲方）：＿＿＿＿＿＿＿＿＿＿＿＿＿＿＿＿＿＿＿＿＿＿＿＿＿＿＿＿＿＿

地址：＿＿＿＿＿＿＿＿＿＿＿＿＿＿＿＿＿＿＿＿＿＿＿＿＿＿＿＿＿＿＿＿＿＿＿

联系人：＿＿＿＿＿＿　电话：＿＿＿＿＿＿　传真：＿＿＿＿＿＿　手机：＿＿＿＿＿＿

承修方（乙方）：_____

地址：_____

电话：_____传真：_____

根据《中华人民共和国合同法》、《中华人民共和国消费者权益保护法》、《中华人民共和国道路运输条例》、《机动车维修管理规定》等法律、法规和规章，甲乙双方在平等、公平、自愿、诚信的基础上，经双方协商就汽车维修事宜达成协议如下：

一、汽车交接

1. 交车日期：☐合同签订日　　☐_____年_____月_____日
2. 送修方式：　☐开进　　☐拖进　　☐装进　　☐事故
3. 交车地点：_____

二、汽车基本信息

汽车所有人	车牌号	车辆类型	车身颜色	发动机号	VIN代码/车架号	注册登记日期	行驶里程

三、维修类别与项目

1. 乙方应对承修车辆进行维修前诊断检验，提出相应的维修方案，确定维修类别。
2. 乙方预定的维修项目、内容，预计的维修费用，甲方应认可。
3. 维修过程中确需追加作业项目和费用的，应征得甲方认可。
4. 实际维修项目和费用以维修结算清单为准。

四、维修配件与材料

1. 乙方提供的维修配件材料，应符合国家规定，标示配件性质并明码标价，供甲方选择。
2. 经甲方选择认可的维修配件材料，乙方应提供维修材料清单，明确材料名称、规格、型号、产地、类别、数量、提供方式、单价、金额、购买日期。
3. 换下配件处理方式：

☐甲方自行处理

☐委托乙方处理

☐属污染环境或系危险废物的，乙方按有关规定统一处理。

五、维修竣工检验及检验质量标准

1. 检验质量标准：

☐国家标准　　☐行业标准　　☐地方标准　　☐制造厂维修要求

检验方式为_____

检验合格，甲方按本合同约定结清费用后接收车辆。

2. 维修竣工质量检验合格后，向甲方签发统一样式的《机动车维修竣工出厂合格证》。车辆进行二级维护、总成修理、整车修理的，乙方应建立维修档案。

六、维修费用及结算方式

1. 收费标准：

☐按向所在地县级以上道路运输管理机构备案并公布的工时单价标准执行

☐双方约定

工时单价：_____元/工时

2. 维修费用计算按照以下方式计算：
维修费用＝工时费（工时单价×工时定额）＋配件与材料费＋外加工费
3. 预算费用为_____元，实际费用以出具的维修结算清单为准。
4. 结算方式：
现金结算□　　转账□　　支票结算□　　其他方式□

七、汽车交付
汽车维修竣工预计交付日期为_____年____月____日前，因不可抗力原因导致延期除外。汽车维修竣工后，乙方应通知甲方提取车辆，甲方在接到通知后_____日到_____验收车辆，结清费用（双方另有约定除外），提取车辆。

八、维修质量保证期
维修质量保证期为_____km 或_____日，自竣工出厂之日起算。质量保证期从维修竣工并交付给甲方之日起计算，保证期以行驶里程或日期指标先达到者为准。因维修质量问题返修的，保证期从返修后甲方验收的当日重新算起。
本合同约定的质量保证期不得低于有关法规、规章规定的汽车维修竣工出厂质量保证期。

九、合同变更及解除
1. 在车辆维修过程中，双方可对本合同内容进行变更。变更内容经双方同意，变更事项双方约定按照以下方式确认：
□书面　　□短信　　□传真　　□电话　　□其他_____
2. 变更的内容与本合同具有同等法律效力，与本合同内容相冲突的，以变更后内容为准。
3. 双方可协商解除合同。非因本合同约定或法定事由外，任何一方不得擅自解除合同。

十、违约责任
1. 甲方未按约定支付维修费用的，按未付金额同期银行贷款利率的两倍支付违约金。
2. 甲方超过_____日迟延提取车辆的，给乙方造成的损失由甲方承担，损失费用计算标准为_____元/日×迟延天数。
3. 乙方迟延交车的，向甲方支付迟延履行违约金_____元/日。
4. 违约责任法律法规有规定的，按照其规定执行。

十一、争议及纠纷处理
本合同履行过程中产生争议、纠纷的，由甲乙双方协商解决；协商不成的，双方同意按以下方式解决本合同争议：
□向县级以上道路运输管理机构申请调解
□向_____仲裁委员会申请仲裁
□向有管辖权的人民法院起诉

十二、其他
1. 本合同经双方签字盖章后生效。合同一式两份，双方各执一份。
2. 进厂维修委托书（检验单）、维修结算清单、竣工出厂合格证经甲方签字确认，作为本合同附件，与本合同具有同等法律效力。
3. 甲方或乙方委托代理人签订合同或甲方委托接车的，应出具授权委托书。委托人为单位的，须加盖公章；委托人为自然人的，须本人亲笔签名，并附身份证明。

请在签字前充分了解有关事宜,认真填写表格内容,仔细阅读并认可合同条款。

托修方(签章):	承修方(签章):
法定代表人:	法定代表人:
委托代理人(签字):	委托代理人(签字):
联系方式:	联系方式:
地址:	地址:
签约日期: 年 月 日	签约日期: 年 月 日

双方权利义务

一、甲方权利义务

(一)甲方在约定的时间内向乙方交付维修车辆、自行取走车内可移动贵重物品及相关证件。

甲方与车辆所有人不一致的,向乙方提供营业执照复印件或身份证复印件。

(二)甲方有权确定维修项目,涉及安全行驶的除外。

(三)甲方送修车辆为事故车的,向乙方提供事故责任认定书或事故调解协议等有效证明;甲方要求改变车身颜色、更换发动机、车身和车架的,应按照《中华人民共和国道路交通安全法实施条例》等规定办理相关手续。

(四)甲方根据乙方维修工作的需要积极履行协助义务。

(五)甲方按照合同约定验收、结清维修费用并接车,因甲方迟延验收车辆或迟延接车,车辆非因乙方原因毁损灭失的,损失由甲方自行承担。

(六)车辆维修出厂后,经鉴定机构认定,确属乙方本合同项下维修项目的质量未达到国家标准、行业标准、地方标准或制造厂维修要求,或使用假冒伪劣的零配件、燃润料,造成甲方或第三人车辆损害、人身损害及相关损失的,乙方应赔偿。

(七)对乙方未签发《机动车维修竣工出厂合格证》、未出具规定的结算凭证等单据的,有权拒绝支付维修费用。

二、乙方权利义务

(一)按照国家标准、地方标准、行业标准、制造厂维修要求实施汽车维修作业,保证维修质量。有权拒绝甲方不按照规定办理相关手续改变车身颜色、更换发动机、车身和车架的要求。

(二)对甲方车辆进行进厂检验、过程检验和竣工检验。

(三)乙方在竣工交付车辆前,对该车辆负有保管责任。除维修检验试车外,乙方不得因其他任何原因使用该车辆。若有违反的,乙方承担油料等直接损耗;造成车辆损坏或其他人身及财产损害的,应承担相应的赔偿责任。

(四)双方约定的维修配件材料应符合国家规定的质量标准,如使用修复配件或旧配件的,经甲方书面同意,该配件应达到相关产品的质量标准。

(五)乙方将车辆交由第三方维修,经甲方书面同意。未经甲方同意,乙方将车辆交由第三方维修的,甲方有权解除合同。第三方造成甲方车辆损害的,乙方应承担相应赔偿责任。

(六)若甲方无正当理由未在规定的时间内付清维修费用的,乙方对车辆享有留置权。

(七)在质量保证期和承诺的质量保证期内,因维修质量原因造成汽车无法正常使用,

任务5 签订合同

且乙方在三日内不能或者无法提供因非维修原因而造成汽车无法使用的相关证据的,乙方及时无偿返修,不得故意拖延或者无理拒绝。

在质量保证期内,汽车因同一故障或维修项目经两次修理仍不能正常使用的,乙方负责联系其他机动车维修经营者,并承担相应修理费用。

说　　明

一、适用范围

本合同主要适用于甲方委托乙方进行的汽车二级维护、总成修理、整车修理及维修预算费用为车辆原购置价8%以上维修作业。其他维修项目可参照使用本合同。

二、危险废物参照《国家危险废物名录》(中华人民共和国环境保护部、中华人民共和国国家发展和改革委员会令2008年第1号)。

5.3 确认与签字

服务顾问通过电脑系统形成并打印维修估价单,向客户展示各种服务项目所对应的备件与工时价格清单,并据此拟定各个项目的分项报价及总价,逐一向客户解释各项内容并请客户核对,确认是否全部包括客户的维修意向,同时告知客户预计的交车时间,并征得客户的签字确认。

注意向客户说明,单据中预计费用是预估费用,实际费用以结算单中最终费用为准;并且告诉客户,如果有变化,会及时通知客户。服务顾问要向客户解释说明时,应该用笔尖或右手手掌斜向上指示,切忌一根手指乱点。"×先生/女生,请您先核对维修委托书,看看是否还有其他问题。""×先生,您本次维修所要进行的是×××项目和×××项目,还有其他需求吗?""×先生/女生,您本次维修涉及的配件有×××和×××,预计费用×××元;预计产生工时费用×××元,两项费用加起来×××元。当然这些是预计费用,最终结算费用要等我们的维修技师维修完毕,看实际产生的作业项目如何,届时以实际产生的费用为准。同时此次维修大约用时×个小时,我们会抓紧时间,尽快交车的"。

客户对维修项目及环车检查结果确认无误后,将《维修委托书》打印出来,将其正面朝向客户,双手呈现给客户签字确认,并指示签字位置:"×先生/女生,如果没有其他问题,请您在这里签字,好吗?""如果您对维修项目及环车检查结果没有异议,请您在这里签字进行确认。在维修中发现其他问题,我会和您第一时间联系。"

注意,客户如果有疑问请耐心解释,不可以催促客户签字。

客户签字确认后,将维修委托书的客户联交给客户,告知用户凭此联接车,并向用户承诺会保质保量完成所有约定工作的。"×先生/女生,这份客户联给您,请您保管好,到时候凭此联取车。""×先生/女生,您交代的事情我们已经全部记录下来了,我们会严格按照您的维修需求进行落实,并尽力在我们约定的时间交车,请您放心。这是本次维修的任务委托书,请您妥善保管,在车辆完工时需要凭此接车,您看没有其他疑问了吧?"

请客户将《车辆行驶证》、《使用说明书》和车钥匙交给自己保管:"×先生/女生,请您将《车辆行驶证》、《使用说明书》和车钥匙先交给我为您保管。"

二维码5-1
沟通技巧

微信扫一扫,
观看三维模拟动画,
听取专业话术录音

汽车服务顾问

5.4 办理车辆维修交接手续

客户在签订"维修合同"后,接待人员应尽快与客户办理车辆交接手续,接收客户随车证件并审验其证件有效性、完整性、完好性,如有差异应及时与客户说明,并请客户签字确认差异。

告诉客户公司地址、邮政编码、服务热线、24小时救援电话、投诉电话等。

客户签署上述维修合同后,要询问客户在车辆维修保养时间内是在公司等待还是离开。"×先生/女士,现在您是在这里等待还是离开?"

若客户选择留在公司等待,则服务顾问要主动邀请并引领客户前往休息区休息,同时告诉客户如有变更项目会及时与客户进行联系,让客户安心等候,并表示对客户的感谢和尊重。"×先生/女士,您在休息区休息一下,我去安排您的爱车维修工作,有什么变更或增加项目会及时和您沟通的。""请您到休息室等候。我将在×时间来这里,向您通报一下车的维修进展情况,祝您休息愉快,感谢您的光临,一会儿见。"

休息室服务员迎接客户并致以问候,引座后敬茶(或其他饮料)并简要介绍服务项目:"×先生/女士,您好,欢迎光临。""×先生/女士,请用茶。""我们这里有×××,您有什么需要请吩咐。"

如果客户选择离开,则服务顾问需再次与客户确认联系方式、维修时间以及客户取车时间并做好记录,并礼貌主动地送别客户。"×先生/女士,我们的维修时间预计3个小时,您离开之前请您留下您的联系方式(您的联系方式同工单一致吧),我们将随时和您沟通车辆维修进程,并第一时间提醒您取车,这样不会耽误您的宝贵时间。""×先生/女士,请您放心,车辆完工后我们会及时通知您的。"

询问客户是否需要联系出租车。"×先生/女士,您需要我帮您联系出租车吗?"

"×先生/女士您请放心,维修过程中如有任何问题,我将会第一时间与您联系。"

"我是我的名片,如有任何疑问随时拨打我们的服务热线。"

提醒客户带走车内贵重物品:"×先生/女生,请问您车内有贵重物品吗?如果有请您带走或交给前台保管。"

服务顾问将车辆送入车间修理,并与车间接车人员办理交接手续。

5.5 签订合同流程的实施

5.5.1 签定合同流程关键点

维修合同是客户与服务站签定的合同文书,也是维修技师按时按质完成作业的依据,应该注意说明维修项目、预估维修时间及费用,同时请客户确认签字。

确定的且描述清晰的维修任务委托书将有助于后续车间技师的维修工作和材料库的预先拣料等工作的开展,保证维修工作的顺利开展。

5.5.2 签定合同流程的步骤和执行标准

签定合同流程主要包括复述合同主要内容、说明估计费用和时间、请客户签字确认等环节。

在说明维修项目、预估费用和维修时间时，要体现出透明化，保证客户明明白白消费，避免后续可能发生的分歧，使经销商与客户之间建立良好的相互信任的关系，提升客户的满意度。

填写维修合同的方法一般是：服务顾问利用系统以及相关报价手册查询并确定标准工时、价格、完工时间和备件库存等信息，进行预估报价，同时告知客户预计维修时间和费用。

应该注意客户车辆确认是否在保修期和是否需要进行索赔处理。如果是则按相关要求执行。

估算维修费用应该包含检测费、维修工时费和材料费。

预估维修时间时应该结合车间的实际维修能力和承担本次维修任务的班组是否还有其他车辆等待维修等。

在与客户交流时，应该按照标准话术进行，目的是避免在与客户交流时产生歧义。

5.5.3 预约实施训练

5.5.3.1 训练要求

通过签订合同的情景模拟（如图5-3所示）实训，掌握维修合同签订的流程和要求，掌握合同中的维修项目、预估维修时间及费用的确定方法。熟悉向客户解释合同主要内容的方法和要求。

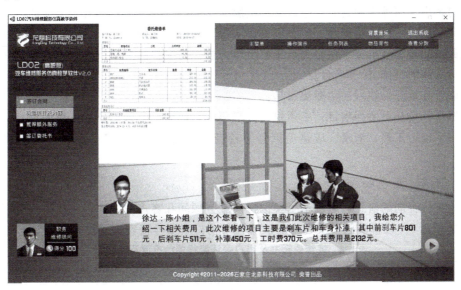

图 5-3　合同签订情景

5.5.3.2 话术范例

在说明工作内容时的话术："本次定保是×××千米定期保养，保养项目合计××项，材料费×××元，工时费×××，维修费用预计共×××元。""本次维修的项目是×××，价格分别为×××，预计××时间交车，您看可以吗？"

征询客户对预估费用和时间的意见时话术："您看费用和时间上还有什么问题吗？"

告诉客户预计交车时间时的话术："如果没有其他新增项目，预计可以在×点×分交车。"

说明车辆初检与车间检查时的话术："您请看这里，这个部件是×××，它的作用是×××，我们现在需要进行检查，车间也会按标准进行检查以便准确地确定维修工作内容和方法。"

说明维修旧件时的话术："您是否需要带走爱车换下的旧件？"

在希望留下客户联系方式时的话术："×先生/女士今后我们会有较多活动，希望您留下您的基本信息，便于我们日后及时通知。"

5.5.3.3 流程演练

引导客户进入接待大厅，请客户到前台入座，向客户敬茶或其他饮料。此时常用话术："×先生/女生，您请坐，请用茶（饮料），我为您开《任务委托书》。"

将客户车辆钥匙用编号专用挂件或纸袋保管。

维修任务委托书的主要内容包括：

确认客户的信息并记录。注意预约客户或老客户在记录车辆信息时，可只记录车牌号或底盘号一个信息；核实客户电话号码是否变更（如果客户电话变更会影响回访准确性）。

故障诊断记录。在维修任务委托书中的"故障描述"栏进行记录故障现象，明确客户的需求；在"服务顾问初步诊断"栏记录服务顾问针对客户的故障描述所做出的初步诊断。

维修任务委托书上的工作项目须清晰明了，要求详细描述每个维修项目工时价格、备件价格及所有维修项目总价格并清楚标明预计交车时间。

在向客户介绍维修项目时，应该移动电脑显示屏以使客户很容易看到上面的内容。向客户简单介绍维修项目的重要性、对车辆的影响及工作的难易程度。

服务顾问要和客户逐个项目确认维修工单内容，与客户商定项目后，再在维修任务委托书上填写具体的维修/保养项目。

维修任务委托书填写的主要要求是：

维修任务委托书所列项目，必须根据流程要求，详细、完整填写，不得漏项。

填写字迹应工整、清晰。应避免因落笔较轻而导致第二联、第三联上字迹模糊的情况发生。

5.5.3.4 角色扮演考核

设计签订合同的情景，通过学生模拟扮演服务顾问和客户的方法，完成签订合同的实训考核，填写表 5-4 维修委托书及客户确认流程角色扮演及考核表。

表 5-4 维修委托书及客户确认流程角色扮演及考核表

维修委托书及客户确认流程角色扮演及考核表	
准备工作及要求	
场地准备	干净舒适的客户休息室
	评价与建议：
工具准备	接车单、车辆诊断检测单、施工单、维修委托书
	评价与建议：
服务顾问	良好的外表、容易辨认的制服和工作牌、熟练的沟通技巧
	评价与建议：

任务5　签订合同

续表

步骤	基本要求	操作结果	评价与建议
客户落座	请客户落座休息,洽商维修事宜		
配件确定	查询配件库存情况,若需等待配件应向客户说明,并征询客户意见		
维修委托内容及解释	外观和功能检查记录		
	随车物品记录		
	故障描述和检查诊断结果,提出维修意见		
	查阅过去的维修记录,说明此次维修内容的必要性		
	预估维修费用(含检查费、工时费和材料费及其他费用)		
	预计交车时间		
	更换后的零件客户是否带走		
	询问客户电话回访时间		
	确定费用的支付方式		
	说明交车程序		
制单及确认	填制《维修委托书》		
	请客户对《维修委托书》的基本内容查核、确认、签字		
	将客户联交车主		
增值服务	介绍其他服务,增加业务机会		
引导客户休息	若客户在店内休息等候,引导进入休息室,敬茶		
	若客户不在店等候,恭送客户		

沟通能力评价：

工作过程评价：

学生姓名：　　　班级：　　　教师：　　　考核时间：

任务要点总结

　　签订维修合同是在前期的车辆检查和维修内容确定后，与客户就维修内容、预计的维修费用和交车时间等达成一致后，在维修合同中填写相关内容并请客户签字确认。

　　解释维修条款时，要注意说明填写的是预估费用和时间，以维修完成后的结算为准。说明维修变更的处理方法。

思　考　题 ▶▶

1. 维修合同主要填写的内容有哪些？
2. 维修合同请客户签字确认时要注意什么问题？

任务 6

派工维修

 导入案例 ▶▶

【导入案例 6-1】 维修过程控制不规范

（接【导入案例 4-2】）一个多小时过去了，张女士还不知道自己的车辆是否已经完成了保养，张女士决定去问问。她走出休息室，向遇见的一位员工询问。

"您好，我想问一下我的车什么时候修好？"

"请问您的服务顾问是谁？"

"我不知道他的名字。"

"那好吧，我帮您查查，请告诉我您的名字。"

查询后，张女士得知她的车仍在车间里，虽然已经保养完毕，但忘了检查玻璃洗涤水喷射装置，车间正在安排维修技师检修。

"什么时候能够修好？我还要上班，现在已经迟到了。"

"可能还需要十分钟。您的服务顾问是钱进，我把他叫进来和您谈吧。"

张女士回到休息室继续等待。刚刚喝完茶，就听到广播里传出的声音："张宇女士，请到维修车道来。张宇女士，请到维修车道来。"

在别人的引导下，张女士找到了服务顾问钱进。

服务顾问钱进告诉张女士她的车辆已经维修完毕，请张女士缴费提车。

思 考 ▶▶

本案例中，服务顾问的工作有哪些做法不符合规范？规范的做法是什么？

任务6 派工维修

> **案例启示**
>
> 客户在休息室等待车辆维修保养完工时,服务顾问要落实维修工作的进展和质量,并且向客户通报维修工作的进展情况。

【导入案例6-2】 维修变更

客户刘先生是服务顾问小王的老客户,俩人关系不错。某次刘先生的车做例行保养,小王负责接待,对刘先生承诺1个半小时交车。到了约定的交车时间,但是小王还没有通知刘先生取车,刘先生找到小王问为什么还没有交车。小王回答刘先生道:"维修技师在维修过程中发现减震器渗油,现在正在更换,需要延长时间。"刘先生听了很生气了:"你们为什么要更换减振器?你们为什么不征求我的意见?你这样做是不是不尊重我了?"小王听后觉得很委屈的,他认为自己本来是为客户着想的,为什么还惹得客户不高兴。

思　考

为什么刘先生不高兴? 遇到增加维修项目时服务顾问应该怎么做?

> **案例启示**
>
> 遇到维修变更时要与客户协商,征得客户同意后再进行维修作业。

学习目标及要求

掌握在车辆维修保养过程中,服务顾问与客户沟通维修工作的进展情况的方法和要求。熟悉在维修工作中,服务顾问要做的工作。

学习内容

派工维修环节中的工作内容主要是按要求检查车辆,办理送修车辆的交接手续和安排维修工作。在维修工作中,如果发现有维修内容变更时,服务顾问要按要求与客户沟通,向客户解释说明维修变更的内容和原因,得到客户的认可后再实施,其目的是避免客户对维修变更、维修质量和维修价格等方面的抱怨。

在派工维修环节中,服务顾问还要做好维修进度跟踪及维修质量品质控制工作。

6.1　送修车辆办理维修交接手续

客户离去后,服务顾问要迅速整理"汽车维修委托书"等资料,进行统计登记。
服务顾问将送修车辆送入车间的车辆待修区,移交给车间主管或调度,并同时移交随车的"汽车维修施工单",口述故障及车主要求。并请车间接车人员在"汽车维修施工单"上写明接车时间并签字,时间要精确到分钟。

送修时要求车辆维修信息完整,并且明确地传递到车间,确保车辆快速转移到维修区域,根据维修委托书要求合理安排维修工作,保证维修工作进度。

具体细则规范如下:

(1) 收到接车通知后,车间主管快速到业务接待区接收车辆,服务顾问应该主动、详细地向车间主管讲解维修内容和注意事项。

(2) 车间主管与服务顾问核对下列内容:

① 维修委托书中的维修项目、故障描述等内容。

② 确定预计交车时间是否可行,若车间主管发现无法按要求时间交车,应提出可行的交车时间与服务顾问协商。不能在承诺的时间内交车时,服务顾问应该提前向客户进行合理的解释。

(3) 根据维修委托书要求,考虑维修技师的专长,合理安排维修技师和工位。车间主管将派工信息告知服务顾问,服务顾问将维修委托书放于维修管理看板对应的维修技师栏。

(4) 车间主管查看任务委托书,结合"维修进度看板(见表6-1)"的信息进行派工并标识。

(5) 维修完工时间(含洗车)应控制在预计交车时间前10min。

(6) 对于返修车辆,如果属于非人为原因,交给原维修技师优先安排维修;如果属于原维修技师的原因,则将此项维修交于技术专员或更高水平的维修技师完成。

表6-1 维修进度看板

维修进度看板				
时间: 年 月 日			服务顾问:	
序号	牌照号	派工单号	预计交车时间	备注
1				
2				
3				
4				
5				
6				
填写说明				
1. 填写此看板的目的是使每个服务顾问对自己所负责的客户车辆何时交车有明确的了解,并将每个客户的接车信息公开化,使服务顾问及其他前台人员包括服务经理能更好地对车辆维修状况进行跟踪。 2. 每台车接完后,即由服务顾问填写在此看板上。 3. 如车辆维修完毕并交车,则将对应的接车信息擦掉。 4. "备注"一栏填写一些特殊情况。				
维修跟踪作业的要点说明				
1. 服务顾问的维修跟踪作业依据每天适时接车看板。 2. 如交车时间被推迟,服务顾问要尽可能早地通知客户,向客户解释和致歉。 3. 服务顾问在车辆维修期间至少通过现场查看或对讲机联系的方式关心车辆维修状况两次,决不允许客户问起车辆维修状况时,对口接待的服务顾问回答不知道。 4. 如客户在休息室等候,对口的服务顾问至少要问候一次客户并通报维修进展情况。				

续表

看板布置简略说明				
序号	牌照号	派工单号	预计交车时间	备注
1				
2				
3				
4				
5				
6				

使用说明:
1. 每个服务顾问设置十个存放接车夹的立架,每个立架上放置的是未出厂车辆的资料夹。
2. 每个服务顾问的接车夹立架上方都有对应着此服务顾问的适时接车看板。
3. 每个服务顾问立架的编号与对应的看板上的序号相一致。
4. 每辆车交车完毕后,即将此车辆的资料从接车夹下取下归档,同时将看板上的资料擦掉。
5. 空白的接车夹不放置在立架上,并且配备好一套用于接车时可能使用的完整的空白单据。

6.2 车辆维修进度控制

车辆进入车间,车间调度在第一时间派工,按照任务委托书上的交车时间,对维修技师的维修进度进行监控。对在修车辆进行巡检,发现异常问题或疑难作业,及时对维修技师提供指导或寻求技术支持,对可能超出预计完工时间的车辆,第一时间通报给服务顾问。

与车间主管或维修班组长保持沟通。为了掌握生产进度情况,服务顾问要定期向车间询问维修任务完成情况,询问完工时间和维修情况有无异常。

服务顾问应根据自己所负责的车辆,对在休息室等待的客户进行关怀,告诉客户维修进度,征询客户是否有其他服务需求。也可利用此时间推荐特色服务或汽车精品。

根据作业项目的不同,在承诺时间到达前15～30min,核实维修委托书上的每一项维修项目的完成情况,目的是掌握交车时间,如有异常应立即采取应急措施,确保维修项目按时完成,并将维修进度及时地向客户传递。

维修技师要严格按照维修施工单的要求,参照技术资料,使用恰当的工具及检测设备进行维修,保质保量完成任务。具体要求如下:

(1)在规定的时间内完成所有项目的维修。维修技师应该将所有检查情况、检测数据以及使用建议完整地记录在维修施工单上并签名,同时记录维修车辆的维修进程,填写"车辆维修时点追踪报告"(见表6-2)。

表6-2 车辆维修时点追踪报告

车辆维修时点追踪报告					
车号:		车型:	预计交车时间:	月 日	时 分
作业班组:		服务顾问:	调度:	填报人:	
车主故障陈述			维修项目		

续表

时点追踪记录									
月	日	时	分	工作内容	月	日	时	分	工作内容
				车辆进厂					领料施工
				检测诊断					追加项目
				估价交接					等待报价
				下达工单					等待答复
				车间维修					等待配件
				备料申请					配件到库
				等待报价					维修施工
				等待答复					检验完工
				等待配件					通知取车
				配件到库					出厂
备注						备注			

（2）当发生维修内容变更时，应严格遵照维修内容变更的确认流程进行操作和确认。维修技师及时通知车间主管，车间主管确认后通知服务顾问，由服务顾问通知客户，向客户进行说明，在征得客户同意且签字确认后，方可实施维修变更项目的作业。

（3）需要延长维修时间时，应提前通知车间主管和服务顾问，服务顾问应及时与客户沟通，争取客户的谅解。

（4）若客户需要带走维修旧件，则要将维修旧件擦拭干净后包装及回收。小件包装后放在副驾驶座位地板上；大件标识车号后放在车间指定位置，并在工单上注明；保修旧件交付给保修员，在交车时注意向客户说明。

（5）完工后应清洁车辆，在"汽车维修施工单"上注明完工时间，通知车间主管验车。维修作业过程管理流程如图 6-1 所示。

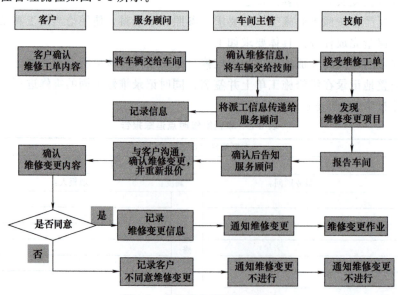

图 6-1 维修作业过程管理流程

6.3 维修变更

服务顾问和车间之间需保证顺畅的、及时的沟通,在维修变更项目发生时,能迅速与客户联系,询问客户是否同意维修变更(维修变更指延长交车时间、改变维修项目等情况)。

维修技师发现需要维修变更时,要及时通知车间主管,由车间主管再传递给服务顾问。服务顾问接到通知后,应立即与客户沟通。服务顾问向客户作必要的报价和解释,向客户讲明不实施增修项目的危害性,如客户要求则引导客户进入车间现场查看,征得客户的同意后进行维修变更作业。维修变更流程如图6-2所示。

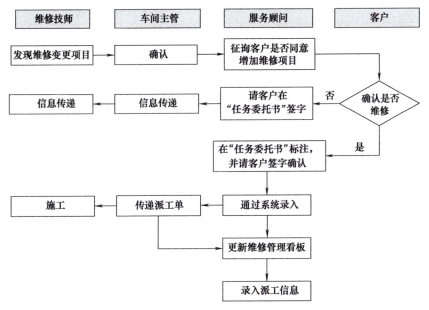

图 6-2　维修变更流程

如果客户不同意维修变更,服务顾问应向客户说明可能造成的后果,为了避免日后产生纠纷,需要在维修委托书上注明,并请客户签字确认。同时将结果通知车间并记录通知时间和车间受话人。

对于已离厂客户,服务顾问应电话通知,征询客户是否同意维修变更项目。如果客户在电话中表示了同意,则需要在维修委托书上注明电话号码、时间、对方姓名和确认的内容。若维修内容变更使得费用增加较多时,需发传真请客户签字认可并发回后再进行有关维修工作。但在交车时一定要客户在维修变更栏签字确认。

客户同意维修变更项目后,服务顾问要在维修委托书上修改和标记,列明并告知客户新增维修项目及备件、工时费用,并更改交车时间和总计价格,请客户签字确认。

客户确认签字(或电话同意)后,即开具"维修追加项目单",填写维修变更项目内容后立即交车间主管或调度,然后通知维修技师执行。维修追加项目具体内容及要求见维修变更项目单(见表6-3)。

在向客户解释维修变更项目时,要从技术上进行解释,对于涉及行车安全的故障要特别强调利害关系,若客户拒绝维修变更时请客户签字确认。若客户对维修变更有抱怨时,要冷静对待客户的抱怨,不可强求客户,应当尊重客户的选择。维修及维修变更作业流程如图6-3所示。

表6-3 维修变更项目单

维修变更项目单						
客户资料	姓名：		地址：		电话：	
	进厂日期：　年　月　日　时			客户联系人：		
	车牌号：			出厂编号：		
追加项目内容						
序号	维 修 项 目	维修收费	序号	零 件 名 称	单价	金　额
追加维修费合计：			追加材料费合计：		追加费用总计：	

客户意见：

客户(或电话咨询业务员)签名：

加项征询客户时间：	客户答复时间：
征询业务员签名：	业务员答复车间时间：
车间申请追加项目时间：	车间申请人签字：

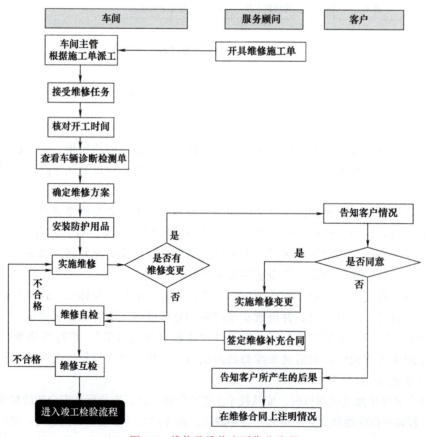

图6-3 维修及维修变更作业流程

6.4 派工维修流程的实施

6.4.1 派工维修流程关键点

实施派工维修环节的管理要点是按要求检查车辆，办理送修车辆手续，安排维修工作。在维修工作中，如果发现有维修内容变更时，要按要求与客户沟通，得到客户认可后再实施。处理好客户对维修变更、维修质量和维修价格等方面的抱怨。做好维修进度跟踪及维修质量的检查督促等工作。

6.4.2 派工维修流程的步骤和执行标准

① 按流程及要求办理维修车辆送修手续。
② 能够控制车辆维修进度，按时完成维修作业。
③ 按要求办理维修变更。

6.4.3 派工维修实施训练

6.4.3.1 训练要求

通过设计训练情景，使学生掌握派工维修流程及要求，理解维修车辆送修的交接手续和需要向车间进行说明的内容和要求。熟悉车辆维修进度控制的方法和时间节点，了解维修变更的方法和要求。

6.4.3.2 话术范例

如果是因为技术、配件以及其他原因使维修工期延误时要向客户说明，避免客户抱怨："您好！您的心情我非常理解。对于你所遇到的问题我们感到非常抱歉。请允许我为你解释一下。在你等待的过程中，我们的维修技师为您的爱车做了全面的检查，发现了一些问题，现在所遇到的问题是……（对应解释延误交车的原因），还需要您等待×个小时，如果您有急事的话我们可以用车把您送到目的地。"

（如果客户同意维修变更，则办理相关手续，客户离开，维修工作继续进行。）

（若客户不愿离开而在公司等待）"请麻烦您冉等上一段时间，我们会把维修讲程随时告知您。您看这样行吗？"

（如果客户不同意维修变更，则进行解释）"×先生/小姐，维修技师在拆检时发现×××故障，因为××故障涉及车辆的使用安全性，所以我们建议您对此进行维修。"

6.4.3.3 派工维修作业流程演练

（1）演练评价要求　学习"派工维修流程"和"维修作业流程（维修进度跟踪）"的内容，完成扮演演练。

① 建议采用分组方法演练，按流程轮流进行角色扮演，按要求完成步骤、话术、表格填写等内容。

② 根据工作演示和话术交流进行评价，主要考查学生扮演"客户"角色时的客户心理活动、语言及肢体语音，在进行维修变更沟通时，双方能有效进行沟通。考查学生扮演"工作人员"的专业技术水平，与客户交流的技巧，需完成相应表格的填写。

（2）演练内容及要求　说明"派工维修流程"的内容和要求，按流程要求进行角色演练。

6.4.4　角色扮演考核

服务顾问接到维修变更通知后能够快速制订维修方案并做出估价，调整交车时间。告知客户增项的额外费用，并向客户解释如果不解决这个缺陷将带来的后果，告知客户维修增项带来维修时间的变更。

客户同意维修变更后，将新添加的维修项目在维修工单上进行更新，请客户在更新的维修工单上签字确认。

如遇到有变更维修项目时，服务顾问要用规范语言与客户进行沟通确认，并准确告知变更带来的影响、费用和维修时间，让客户自己做出选择。"×先生/女士，通过检查发现车的火花塞已到更换里程了，这次一起把保养做了吗？如果更换了火花塞会使您的爱车在驾驶过程中更加舒畅，也更节约您的时间。这次做的话，您需要再多等 40 分钟。您看需要这次一起做吗？"

6.4.4.1　话术考核

按话术情景要求，让学生分组扮演服务顾问和车间主管，进行维修车辆交接的话术考核。考核的评价方式为学生互评和教师对学生的话术进行整体评价。

情境考核 1　维修车辆交接

地点：车辆待修区（如图 6-4 所示）

工作人员：服务顾问和车间主管

工作内容：车辆交接、工作内容和要求说明

考核要求：学习上述"派工维修流程"的内容及要求，完成相关话术的设计，分组进行练习及考核。

图 6-4　车辆待修区场景

情境考核 2　维修变更（旧件展示）

服务顾问："您好，我们对您的车辆检查后发现刹车片厚度为××mm，而刹车片厚度的极限值最小值为××毫米，接近这个值就要及时更换新的刹车片了，否则会影响到车辆

制动性能。出于安全行车考虑，刹车片残留××毫米以下时，建议更换刹车片。因此建议您在车辆的这次保养中追加更换刹车片项目。"

客户认可后，实施更换刹车片作业。

确认客户是否带走旧件："请问，换下来的刹车片需要带走吗？"

在向客户交车时，注意向客户展示更换的旧件。通过展示旧件，可以说明更换原因和解释更换的必要性，可以让客户相信维修内容的真实性，同时让客户感觉到此次维修保养是必要的，对车辆的性能和寿命是有益的。

服务顾问："请看这是从您的车上换下来的旧刹车片，最薄处仅为××毫米，新片厚度为××毫米，如果不及时更换将会大大降低制动力，而且在每次刹车时会发出'吱吱'的金属摩擦声，有可能完全失去制动力。"

考核要求：

（1）学习上述"维修变更（旧件展示）"的流程及要求，按：①如果客户接受建议；②如果客户不接受建议的情境设计话术，分组进行练习及考核。

（2）学习上述情境的应对话术，完成"轮胎磨损接近极限值需更换"情境的相关话术设计，分组进行练习及考核。

情境考核3　维修变更（工期延误）

服务顾问："张小姐，实在抱歉，因为零部件到货时间比预期晚了半天，耽误了我们的维修时间，所以不能按原计划交车，我们尽量会赶在18：00交车给您，给您带来不方便请谅解。"

考核要求：按①客户接受；②客户不接受，再次道歉并说明后，客户仍不接受的情境设计话术，分组进行练习及考核。

6.4.4.2　角色扮演

（1）演练评价要求：学习"派工维修流程"，分组扮演演练考核。

① 分组演练"派工维修"。建议采用分组方法演练，按流程轮流扮演角色演练（步骤及要求、话术、表格填写）。演练时用摄像机拍摄，演练完毕播放并评价。

②"派工维修流程"演练结果的评价采用自评、互评和教师点评。

③ 根据交流和工作演示进行评价，主要考查学生扮演角色时的客户心理活动、语言及肢体语音。考查专业技术水平和填写工作表格的能力。

（2）完成表6-4所示表格的填写。

表6-4　派工维修角色扮演及考核表

派工维修角色扮演及考核	
准备工作及要求	
设施工具准备	派工单、维修进度看板、维修追加项目单、车辆维修时点追踪报告
	评价与建议：
场地准备	待修车辆停放于维修车辆待修区
	评价与建议：
服务顾问	良好的外表、容易辨认的制服和工作牌、熟练的沟通技巧
	评价与建议：

续表

步骤	基本要求	操作结果	评价与建议
车辆交接	服务顾问与车间主管见面,相互问候		
	环车检查情况说明		
	维修内容说明		
	维修内容确定		
做好维修状态实时控制	定期向车间询问维修任务完成情况、维修有无异常		
	如有异常应立即采取应急措施,尽可能不拖延工期		
	在维修预计工期进行到70%～80%的时候询问维修情况		
	在车间维修工作进度板上标识进度		
	维修完工时间(含洗车)应控制在预计交车时间前10min		
	配件采购的及时跟踪		
	维修项目增加的审核		
	维修现场对车辆保护措施的监督		
	记录维修车辆的维修进程		
维修记录	维修技师完成维修施工单记录并签名		
向客户通报维修进度	利用维修进度看板随时掌握车间工作进度,必要时通报客户		
维修变更	维修技师及时通知车间主管,车间主管确认后通知服务顾问		
	服务顾问向客户通报维修变更		
	与客户协商、客户认可		
	更改委托书、通知车间实施		
	口头通知车间并记录通知时间和车间受话人		
	如客户不同意维修变更,服务顾问应在委托书上注明		
维修完成后的工作	在维修施工单上注明完工时间,通知车间主管验车		
	维修后应清洁车辆		
	按与客户的约定处理旧件		
	保修旧件交付给保修员		

沟通能力评价：

工作过程评价：

学生姓名： 班级： 教师： 考核时间：

二维码6-1
派工维修实施情景

微信扫一扫,
观看三维模拟动画,
听取专业话术录音

任务要点总结

派工维修是保证完成维修车辆工作任务的开端，是非常重要的环节。服务顾问必须准确地向车间主管说明车辆情况和工作内容，确定维修工作内容。

维修过程中如果发现有维修变更，则要告知客户，说明情况，建议客户实行维修变更。如果客户不同意维修变更则要在维修合同中注明。

在车辆维修过程中，服务顾问应该随时掌握车间工作进度，及时向客户通报车辆维修进展情况。在客户需要了解工作进度时，服务顾问有义务对客户进行答复。

思 考 题 ▶▶

1. 如何保证派工维修工作的顺利进行？
2. 汽车维修过程中服务顾问有哪些工作要做？

任务 7 竣工检验

> **导入案例** ▶▶
>
> **【导入案例 7-1】 质检及内部交车**
>
> 　　客户车辆维修保养完成，维修技师请质检员对完工车辆进行终检："×××车例行保养已经作业完毕，同时更换了发电机。我们班组成员间已经进行了自检、互检并在任务委托书上签字确认。这是更换下来的旧件和任务委托书、派工单以及车辆钥匙等，请你确认"。
>
> 　　质检员："好的，辛苦了。"
>
> 　　质检员依据任务委托书逐项进行完工检验，质量合格，质检员在任务委托书上签字确认。
>
> 　　质检员："检查完毕，质量合格。请你将车辆清洗一下，包括车内清洁，清洁完毕交车。"
>
> 　　维修技师："好的。"
>
> 　　质检员在维修进度显示板上进行完工记录。
>
> 　　维修技师将车辆清洁整理完毕，向车间主管交车："车辆已经清洗完毕，我已经将车辆停放在交车区了，给您钥匙。"
>
> 　　车间主管："好的。"
>
> 　　交车区，车间主管和服务顾问进行车辆交接。
>
> 　　车间主管："×××车例行保养和更换发电机作业完毕，检验合格，这是更换下来的旧件、任务委托书以及车辆钥匙等，请你确认。"
>
> 　　服务顾问："好的。"
>
> 　　服务顾问依据任务委托书逐项进行完工检验并进行车辆外观、功能恢复等检查。
>
> 　　服务顾问："好了，没有问题。"
>
> 　　服务顾问在汽车维修系统中进行完工审核，更新维修进度管理看板，准备交车资料。

思　考

如何完成规范的车辆竣工检验流程？关键点是什么？

案例启示

（1）维修保养完成后，应该进行质量检查，进行内部验收。
（2）车辆维修保养完成后，服务顾问应该做哪些工作？

学习目标及要求

熟悉维修保养完成后内部质量检查的内容、方法和要求。

学习内容

实施维修后的内部质量检验的内容、方法和要求。

通过内部的质量检验是保证维修质量的关键，是提高客户满意度的主要方面，对顺利完成交车环节起着重要作用。

7.1 竣工检验的重要性

为了保证维修质量，在维修保养过程中应严格贯彻自检、互检和终检三级质检制度，目的是对服务质量进行综合检查，保证维修保养质量，力争将问题控制在公司内部，保证按时交车率和一次性修复率，降低返修率和降低因维修服务质量等原因而产生的返修成本，提高客户满意度。竣工检验也是对维修技师技术水平评判最有效的手段之一。

维修工作完成后，首先进行内部交车，严格执行维修质量的检验制度，确保维修质量，内部交车要保证原始资料的可追溯性。质检员要有较高的业务水平，且不隶属于车间主管。

服务顾问要切实执行内部交车流程，必要时进行试车检验。检验完毕后及时通知客户取车。不能因为没有及时通知客户，而造成不能按时交车给客户。

链接　返工与返修

> 返工处理：在服务流程中，质检员在实施质量控制和完工检查中，将发现的有维修质量问题的车辆，退回原维修技师或班组重新诊断与维修的过程。
>
> 返修处理：车辆交付给客户后，如果车辆在质量保证期内再次发生同一故障时，重新返回维修，称为返修。

7.2 竣工检验流程和执行标准

竣工检验环节的目的是对准备出厂的车辆进行质量确认，维修技师应对车辆状况进行自检并确认签字；班组长间互检并确认签字；最后将车辆交质检员进行终检并签字确认。

服务顾问在本环节主要工作是做好交车前的准备工作,即检查流程执行情况、检查车辆内外状况、车辆清洁、准备交车材料等。

7.2.1 竣工检验流程

竣工检验主要是车间检验和服务顾问检查两大部分,如图 7-1 所示。车间维修完工后,要进行维修质量检验,经车间主管确认后在维修施工单上签字,或车间调度审核合格为完工。完工检验内容如下:

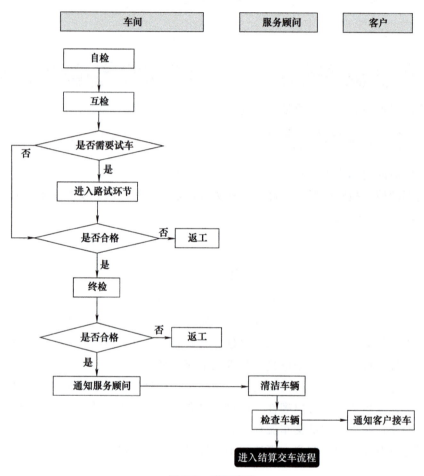

图 7-1 竣工检验

(1) 自检/互检 这是三级质检的第一道检验,也是最重要的一道检验。可以通过维修技师自己来进行,也可以通过与本组其他技师互相检验,主要检查故障是否排除,各道工序是否操作到位。

车辆维修保养过程中,同班组的维修技师之间互相检查、提醒、指导、督促。操作结束后维修技师自检,自检之后维修技师之间互检。

(2) 终检 维修技师完成自检/互检合格后,将车辆交给质检员检验,完成第二道检验(称为终检)。维修车间要配备质量检验员(也可以由技术主管兼任),检验员检验时可以视情况进行抽检。检验可以在维修工位上进行,也可以在终检区内进行。

(3) 服务顾问接车检验 所有维修作业及检查完成后,维修技师将竣工检验合格车辆移至交车区,通知服务顾问准备进行内部交车。服务顾问与车间进行内部交车,车间将车辆和维修任务委托书等车辆资料交给服务顾问,维修任务委托书上的异常笔录应该向服务顾问解释清楚。

服务顾问根据维修任务委托书,对车辆进行维修内容确认,检查车辆外观技术状况及随车物品,检查车辆清洁情况。

① 确认维修项目按要求完成,所有安全项目均已检查合格。
② 检查相关单据是否按要求填写完成。
③ 旧件的处理按与客户的约定执行。
④ 确认实际维修换件项目和费用是否与维修施工单相符。

车辆清洗完毕后,车间将车辆开至竣工车停车位上,通知服务顾问验车。必须注意车辆要停放整齐,并保证车头面对通道或大门口,便于客户将车辆驶出。关闭车辆音响、车窗,锁闭车门。在维修任务委托书上注明停车位置。

服务顾问对车辆做最后一次检查,整理车厢内部,查看外观是否正常,将座椅、后视镜等的位置及角度调回客户进厂时的状态。清点随车工具和物品,并放入车上。对车辆外观进行仔细确认。工作完成后填写车辆清洁检查表(表7-1)。

检查车辆附属设施(音响、时钟调整;烟灰缸清理等)是否由维修技师调整到最佳。

更换下来的旧件由维修技师负责清洗干净,交由服务顾问,如为保修配件则在向客户展示后,交由三包员保管。

表 7-1　车辆清洁检查表

车辆清洁检查表			
车牌号:			日期:
项次	清洁内容	清洗情况	
1	车身		
2	车玻璃		
3	车轮		
4	内室清洁		
5	发动机舱		
6	座椅		
7	内饰		
8	行李舱		
9	地毯		
10	其他		
检查结果备注:			
洗车人		验收人	

服务顾问还要查看维修任务委托书上是否有质检员签字。

检查时可以参考表 7-2 内容进行。

表 7-2　车辆检查表

车辆检查表		
维修项目已经完成	是□	否□
车辆设置已经恢复原状	是□	否□
车辆上没有遗留其他物品	是□	否□
发动机室已经做过清洁	是□	否□
车身已经清洗干净	是□	否□
车辆没有遗留故障	是□	否□
备注：	服务顾问签名：	

7.2.2　准备向客户交车

服务顾问接车后应该准备向客户交车的各项材料，包括交车袋、填写《保修手册》、准备要赠送的礼品、需要展示的旧件等。

服务顾问必须检查、审核实际维修项目与任务委托书的维修保养的项目和材料等是否一致。审核实际维修领用材料与领料单是否一致。特别要注意追加项目的一致性、对项目性质正确性进行审核。统计此次维修的总额费用。

服务顾问将《保修手册》、结算单等物品放入交车专用袋，放在专用位置；在袋上需备注上本次保养里程和下次保养里程。同时在"其他提示"中对客户没有同意的增修项目的进行标注。

以上事项安排妥当之后，即可联系客户进行交车。

7.3　竣工检验流程的实施

7.3.1　竣工检验流程关键点

① 质量检验。
② 质量检验合格后，清洁车辆，做好车辆设置复位，做好向客户交车的准备。
③ 检查旧件存放情况。
④ 检查客户的随车物品是否遗失。

7.3.2　竣工检验流程的步骤和执行标准

参考图 7-1 可知竣工检验流程和要求主要是检验和确认维修或保养项目完成的质量；检查车内外清洁，包括车外清洁状况、车内是否留有修护用品如工具、杂物等；检查客户的随车物品是否遗失。检查旧件是否按要求处理。

7.3.3 竣工检验实施训练

7.3.3.1 训练要求

学习上述"竣工检验"流程及要求，完成相关话术的设计，分组进行练习及考核。

7.3.3.2 话术范例

如果质检不合格，服务顾问及时协调车间主管返工并确认具体完工时间，如果交车时间延时，应通报客户。"×先生/女士，我们的维修技师正为您的车辆排除故障，但是由于作业项目比较复杂，可能交车时间要有所延迟，大概要延迟半小时左右，实在对不起，不过我们一定抓紧时间，争取尽快完成。"

7.3.3.3 竣工检验流程演练

地点：车辆竣工区。

工作人员：服务顾问和质检员。

工作：车辆终检。

注意事项：与质检员共同确认维修或保养项目完成的质量，确认派工单的项目都已完成，小旧件随车，车辆清洁达标，如图7-2所示。

巡视检查车内外清洁，包括车外清洁状况，车辆清洁单由质检员填写，服务顾问复查。

检查车内是否留有修护用品如工具、杂物等，旧件情况（如有更换旧件），对于小的维修旧件，可制作专门的薄膜袋存放。

图 7-2 车辆检查场景

7.3.4 角色扮演考核

按表7-3所示内容，完成质量检验流程角色扮演及考核。

表 7-3 质量检验流程角色扮演及考核

准备工作及要求	
场地准备	护车套件、车辆诊断检测单、派工单；相关工具、设备 维修进度看板、工时标准、维修追加项目单、车辆维修时点追踪报告
	评价与建议：

续表

工具准备	维修工位、维修车辆停车场、车辆清洁单		
	评价与建议：		
服务顾问	良好的外表、容易辨认的制服和工作牌、熟练的沟通技巧		
	评价与建议：		
步骤	基本要求	操作结果	评价与建议
质量检验	完工后进行三级检验（作业者自检、班组互检、终检）		
	出具自检不合格报告，确定原因，提供解决办法		
	提供质检报告		
	在施工单上盖章或签名，证明已经实施了质检		
清洁车辆	清洗车辆		
	要特别注意对作业部位的清洗		
内部交车	检查车辆的清洁状况		
	检查质量检验手续		
	审核维修委托书和领料单，确保结算准确		
	明确换下的旧件的存放位置		
	明确交车时向客户说明和提醒的内容		
	准备结算用的有关单据		

沟通能力评价：

工作过程评价：

学生姓名：	班级：	教师：	考核时间：

二维码7-1
竣工检验实施情景

微信扫一扫，
观看三维模拟动画，
听取专业话术录音

任务要点总结

车辆检验是保证维修质量的必要手段，目前一般用自检、互检和终检的三级质检制度。

做好了质量检验，可以将质量问题控制在公司内部，保证按时交车率和一次性修复率，提高客户满意度。

服务顾问要做好最后的检验，做好向客户交车的准备工作并通知客户提车。

思 考 题

1. 如何提高竣工检验的可靠性?
2. 维修保养完成后,为什么要进行内部验收? 内部验收的内容和要求有哪些?
3. 服务顾问在竣工检验环节中的作用是什么?

任务 8

结算交车

> **导入案例** ▶▶
>
> 【导入案例 8-1】 交车
>
> （接【导入案例 6-1】）张女士找到了服务顾问钱进。
>
> "很抱歉那样呼叫您，我们今天实在是太忙了，这边离不了人，您的车已经修好了，这是维修施工单。"
>
> "我要这个有什么用？"张女士问道。
>
> "带着维修施工单去找收银员缴费，他们会向您解释的。"
>
> 张女士从服务顾问手中接过维修施工单，去收银台缴费。缴费的人很多，张女士耐心地排队等待缴费。
>
> 收银员看了下张女士的维修施工单，打出来一张发票。
>
> "一共是 240 元。"
>
> "我的车还在保修期内，怎么还要花 240 元？"
>
> "您需要支付磨损项目费用，包括润滑油、润滑油滤清器，还有玻璃洗涤器的维修费用。我也不是很清楚具体有哪些项目，一共 240 元。"
>
> 对于所需支付的费用，张女士觉得有些疑惑，但她的服务顾问又不在身边，不能向他问询原因，另外她又要赶着去上班，所以她有些不情愿地缴了费。收银员找完零钱，递给张女士发票，"您可以去提车了，谢谢。"
>
> 张女士出去取车的时候已经是上午 10 点 30 分，此时维修车道已经没人了。她等了会还不见有人送车来，她只好又回到收银员那里。
>
> "我已经等了好一会儿了，为什么车还没有送过来？"
>
> 收银员回答道："他们可能正在给您洗车，不过提车不归我管，请联系您的服务顾问，谢谢。"
>
> 张女士又走了出去，几分钟后，她的车开过来了，上面还流着水。最初在外面检查她的车辆的那位工作人员为张女士打开车门。张女士发现护车套件还没有摘下，她满心不悦地摘下护车套件，塞进了堆满垃圾的垃圾桶。
>
> 张女士开车离开，赶去上班。想到已经迟到了，张女士不由得加快了车速。

思 考 ▶▶

本案例中，汽车维修服务公司工作人员的哪些做法不符合规范？规范的做法是什么？

案例启示

（1）维修保养完成后，向客户交车时要与客户一起进行验收，必要时请客户试车，确保维修质量。

（2）在缴费结算前，服务顾问要向客户解释维修项目和费用。

（3）服务顾问应该陪同客户去收银台结算。

学习目标及要求

掌握向客户交车的流程和要求。

掌握结算时向客户解释作业项目及费用的方法。

学习内容

交车及结账的工作要求是保证准时交车；对维修项目和其他相关事情进行详细解释；确保车辆内外清洁；向客户传授维修保养及使用等方面知识；提出关怀性建议。这些做法的目的是提高交车的客户满意度。

在交车及结账时要向客户介绍车辆此次维修的项目和维修变更项目，给客户查看更换后的旧零件，向客户解释发票及有关资料，陪同客户对车辆进行验收。

8.1 通知客户接车

在车辆竣工检验合格后，服务顾问要做好向客户交车的准备。在客户到来前，清洁车辆并把车辆停泊在完工交车区内。打印结算清单，整理好维修保养的有关单据和其他资料，将该车全部单据汇总核算，同时准备好有关下次保养提醒的内容。

一切准备工作完成之后，提前通知客户结算提车。

如客户在休息室等候取车，服务顾问到休息室找到客户，"×先生/女士，让您久等了，车辆保养（维修）已经完毕，我们一起验收一下吧！""谢谢您的等候，您的车现在已经维修好了，让我陪您去查看车辆吧。"

如不能按期交车，也要提前通知客户，说明延误原因，争取客户谅解，并表示道歉。"×先生/女士，实在抱歉，因为零部件到货时间比预期晚了半天，耽误了我们的维修时间，所以不能按原计划交车，我们尽量会赶在18：00交车给您，给您带来不方便请谅解。"

8.2 客户验车

在客户车辆维修合格，达到"设置复位，车内清洁"的要求后请客户验车。

① 服务顾问需要进行交车前说明，引领客户逐项开展维修项目确认，必要情况下陪同客户试车。对维修作业以及收费向客户作全面详细的解释说明。

"您的车已经通过完工检验，您需不需要验一下车？"若客户需要试车，服务顾问应坐在副驾驶的座位上（此时副驾驶的座椅套和脚垫不能取下）陪同试车，试车完毕下车后将接触过的地方用白毛巾进行擦拭。

② 服务顾问向客户说明故障原因和维修方法，做到明白消费。

③ 如果需要进行旧件交接，服务顾问应告诉客户更换下来的旧件的放置位置，并请客户当面核对。

④ 客户验车时，服务顾问要用细微的行动让客户知道车辆已被认真清扫过，当着客户的面将护车套件取下，并且用毛巾擦拭没有安置护车套件且维修人员可能接触到的位置。

服务顾问提醒客户对座椅、后视镜等进行设置复位。当着客户的面撕下用来标注客户座椅位置的纸标签。

⑤ 在向客户说明维修项目和费用时，要对照施工单和结算单（见表8-1）逐项说明，对本次的维修项目、费用明细及优惠情况要做出全面详细的解释，重点说明高价项目、免费项目和维修变更项目，"这是您的车辆在这次维修保养中的施工单和结算单，请您过目。"

而且此时可以向客户介绍说明在工作过程中维修技师发现并主动、免费处理的一些小问题（如车门开关时的门轴噪声等），包括其他一些免费服务的项目（如洗车等），让顾客意外感动，超出客户预期，使客户满意。

表8-1 维修结算单

客户名称			客户代码	
地址			车牌号	
电话			车型	
付款方式			车辆出厂编号	
序号	作业项目	作业内容	使用零件	金额
业务主管指示：				
			签名： 年 月 日	
结算员签名： 年 月 日	质量保证：本公司对上述维修项目保用至 月 日或 km	项目	金额	
		维修、检测		
交车员签名： 年 月 日		配件		
		其他		
公司服务电话：		总计		

8.3 结算

服务顾问引领客户到收银处结算时,结算员应主动礼貌地向客户问好,示意台前座位落坐,迅速拿出维修结算单呈交客户。当客户同意办理结算手续时,应迅速办理。"谢谢您选择我们的服务,我们已经完全按照您的要求完成了车辆的维修项目,请您多提意见和建议,以促使我们今后的工作做得更好,也希望您能继续选择我们的服务。"

结算时要审核及确认维修结算单记录的维修项目、所用零配件的价格以及维修工时费用,由系统自动计算实际维修费用,生成"维修结算单"。

服务顾问需针对客户进厂时描述的情况,将结算单中所涉及的作业项目及发生的费用向客户进行解释。如果有维修变更项目,也要向客户再次解释。客户认可后请客户签字确认。结算交车流程如图8-1所示。整个结算交车过程的操作和用语要简练,不要让客户觉得拖拉繁琐。

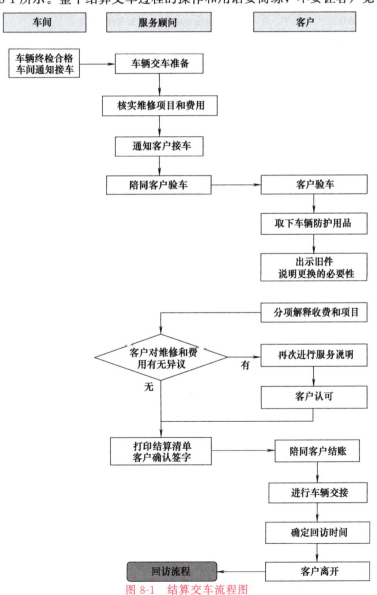

图 8-1　结算交车流程图

8.4 交车

结算完毕,开具该车的"出厂通知单",将交车袋和车钥匙一并交给客户。交车袋内包括"维修估价单"、"维修结算单"、"维修质量保证书"(见表8-2)、"保养提示卡"(见表8-3)以及随车证件等。

表 8-2 维修质量保证书

客户姓名:		客户电话:		车牌号:		车型:	
最后一次进厂维修时间:				维修内容:			

质量保修承诺:

　　凡本公司维修的车辆均享受以下保修服务:①出厂车辆在保修期内因维修质量问题均可随时返修,返修一律免费。②全车大修、总成大修保修期为10000km或3个月;二保、小修保修期为3000km或1个月。③全车油漆质保40000km或1年。

您的车最近一次保养的日期:　　年　月　日,希望您准时保养,热诚欢迎再次光临!

施救服务:在市区内,我们可随时为您提供拖车抢修服务。

	时间	内容	技师
服务记录			

表 8-3　保养提示卡

温馨提示：
您的下次保养里程数为_____km,或_____年____月____日(二者先到者为限),电话预约由我为您服务。 　　再次感谢您选择我公司为您服务,今后您有任何事情请随时与我们联系。 　　服务专员：_____　　电话：_____
本次保养的内容： 保养日期： 保养里程： 保养所更换的油品品牌： 施工单位： 施工技师： 建议下次保养里程数(时间)和保养项目： 车主信息： 车辆信息：
本次保养里程为_____km　　维修日期_____年____月____日 下次保养里程为_____km,或_____年____月____日(二者先到者为限) 应检查或更换项目： □发动机润滑油、润滑油滤清器(滤芯)　□空调滤芯　□清洗三元催化　□清洗发动机　□检查刹车片 □喷油嘴清洗　□节气门怠速阀清洗　□燃油滤芯　□空气滤清器　□刹车油　□变速器油 □火花塞　□清洗节气门　□正时皮带 服务电话：_____　　救援电话：_____

　　① 向客户重点介绍有针对性的维修建议、用车注意事项和提醒客户后续的服务计划,如下次保养里程、年检等。

　　对此次发现但未处理的作业项目向客户重点说明,提醒客户尽早维修,以消除故障隐患："×先生,您车辆本次保养的行驶里程是 3500 千米,此车的例行保养里程是 6000 千米,也就是车辆行驶里程到 9500～10000 千米时,您需要再次进行车辆例行保养,如果您不能按规定的里程进行例行保养的话,那就会失去索赔权利。另外本次维修中,发现您车的减震器有些漏油,您没有同意维修,这对车辆行驶不利,所以要特别提醒您关注,希望您尽早更换。"

　　同时向客户强调预约的好处,并告诉客户预约电话。向客户提供店内联系电话、救援电话,并告知客户如有疑问可随时电联。告知客户公司会进行服务质量的回访,询问客户方便的联系方式。

　　② 向客户展示更换的旧件。通过展示旧件,说明更换原因并解释更换的必要性,可以让客户相信维修内容的真实性,同时让客户感觉到此次维修保养是必要的,对车辆的性能和寿命是有益的。"您请看,这是从您车上换下来的旧刹车片,最薄处仅为××毫米,新片厚度为××毫米,如果不及时更换将会大大降低制动力,而且在每次刹车时会发出'吱吱'的金属摩擦声,最糟糕的情况是会完全失去制动力,出于安全行车考虑,刹车片残留××毫米以下时,建议更换刹车片。换下来的刹车片您需要带走吗?"

　　③ 送别客户。与客户道别并感谢客户惠顾："×先生/女士,感谢您本次光顾,我的名片已经给您了,后续车辆如果有问题请您随时联系我,我会全力帮您解决。再次感谢您,再见!"

　　服务顾问应目送客户车辆离开,直到客户车辆顺利驶出公司大门后再回到接待区（接待室）。

二维码8-1
结算交车流程
及要求

微信扫一扫,
观看三维模拟动画,
听取专业话术录音

④ 如果客户无法及时来接车,在条件允许的情况下,服务顾问应为客户送车。送车前要先准备好结算单,并通过电话向客户解释作业项目及费用。在抵达客户处陪同客户验车并进行结算工作。

8.5 结算交车流程的实施

8.5.1 结算交车流程关键点

根据图 8-1 可知,结算交车流程关键点是车辆状态确认、交车文件准备、通知客户接车、陪同客户验车、旧件展示、费用说明、客户签字确认、陪同客户结算和送别客户。

8.5.2 结算交车流程的步骤和执行标准

① 准备结算单。通知客户接车前服务顾问要准备好客户接车资料,列出所有维修建议、准备所有需要的交车资料和特别留意维修变更项目的价格。同时准备好下次保养提醒的资料。

② 向客户解释结算单。与客户一起进行车辆检查,向客户解释作业项目及费用,强调完工时间及维修费用与先前所预计的是一样的。请客户在结算单上签字。

③ 陪同客户到收银台结账。

④ 如不能按期交车,要及时通知客户,说明延误原因,表示道歉并争取客户谅解,完工后再通知客户接车。

8.5.3 结算交车实施训练

8.5.3.1 训练要求

学习上述"结算交车"流程及要求,完成相关情景设计,分组进行练习及考核。

8.5.3.2 话术范例

(1)客户验车。电话通知或前往客户休息区告知客户车辆维修完成。

"×先生/女士,您的爱车已经按照要求完成维修,请您和我一起进行验收。"

陪同客户验收车辆:"×先生/女士,请您查看一下您爱车的外观。""×先生/女士,请您查看一下我们所做的约定的委托维修项目,都是按照标准进行的。"

如果客户要求保留旧件,还要请客户查验:"×先生/女士,请您查看一下更换下来的旧件,依照您的要求为您保留下来了。"

(2)缴费。在客户验收车辆没有异议后,要向客户解释维修项目和费用:"×先生/女士,我来解释结算单。谢谢您的配合。"

讲解完毕要同客户确认是否清楚,如果没有异议引领客户前往结算。"×先生/女士,您对我的说明都清楚了吧。那我陪同您去做结算吧,这边请。""我的说明是否让您都已经了解清楚了呢?如果没有异议,是否可以陪您一同去结算?"

(3)客户异议的应对。讲解完毕要同客户确认,如果客户存在异议则要引导客户说出不满的真正原因:"×先生/女士,您刚才指的是对我们哪方面的服务不满意呢?您能再具体说明一下吗?""×先生/女士,请您不要着急(请您稍等一下),我看看能不能帮您沟通解决一下。"

8.5.3.3 流程演练

根据下面结算交车的工作流程步骤,设计对应的场景进行演练。

① 服务顾问收到维修技师传递回来的车辆维修工单时,检查维修工单填写是否真实、规范。如果有诊断项目,检查是否写清了相关的诊断说明。

② 如有需要,要向维修技师/技术总监沟通了解车辆维修情况。

③ 车辆检查的重点是维修工作完成情况、车辆外观及内饰清洁情况、车辆设置复原情况、维修旧件是否放置妥当和车辆停放是否妥当。

④ 通知客户接车。准备妥当后,通知客户接车:"您好×先生,您的车已经维修完成,我陪您一起去看车,车我已经检查过了,车况很好,您这边请。""×先生/女士,您的爱车已经准备就绪并进行了完工检查和清洗,请您于×××(时间)来接车。"

⑤ 陪同客户验车。"××先生/女士,我们已经把您的车辆清洗干净,您看您是否满意?""您看,发动机现在工作非常好,我们是用×××方法进行的维修,您满意吗?""您的车刚换过刹车片,刹车的感觉会有些变化,希望驾驶时您注意。"

⑥ 陪同客户结算。"×先生/女士,这位是收银员×××,×××,这位是×先生/女士,维修的是×××车,请帮×先生/女士结账。"

⑦ 送别客户。"×先生/女士,通常使用情况下,建议您的车下次保养时间大概在×月×日左右,行驶里程××××千米,也希望您有任何问题随时联系我们,我们很愿意为您服务。我们的预约电话是:×××-×××××××。""×先生/女士,我们将在三天内对于此次维修作业进行回访,请问你能告诉我一个您方便的时间吗?""感谢您的光临,祝您一路平安。"

二维码8-2
结算交车实施
情景

微信扫一扫,
观看三维模拟动画,
听取专业话术录音

8.5.3.4 角色扮演考核

(1) 话术考核 根据下面情景要点,结合结算交车流程及要求,完成情景设计和学生扮演练习及考核。

① 车辆准备。维修完毕并经自检合格,车辆内外清洁,车辆设置复位。

② 通知客户接车。服务顾问电话通知客户接车。若客户在休息室,可由客户服务员通知客户接车。

③ 项目和费用说明。服务顾问向客户解释说明维修保养项目和费用,下次保养提醒。

④ 车辆检验。在车辆交车区,服务顾问向客户说明和确认维修保养项目的完成情况,展示旧件并按要求处理,检查车辆。

⑤ 结账。在收银台,帮助客户结账,开出门条。

⑥ 客户离开。在交车区,服务顾问送客户上车,帮客户关上驾驶侧车门。向保安递交出门条,与客户告别。

(2) 角色扮演 根据上面情景要点,结合结算交车流程及要求,完成情景设计和学生扮演练习及考核。

任务要点总结

通知客户接车前要准备好客户接车资料,同时准备好下次保养提醒的资料。

汽车服务顾问

如不能按期交车,要及时通知客户,说明延误原因,表示道歉并争取客户谅解,完工后再通知客户接车。

结算时要向客户解释作业项目及费用。

思 考 题 ▶▶

1. 如何提高交车质量?
2. 通知客户接车前,应该准备好哪些资料?
3. 如果交车时发现问题,不能按时交车,应该如何处理?
4. 维修保养结算时要注意什么问题?

任务 9 返修与抱怨处理

导入案例

【导入案例 9-1】 竣工检验不认真

客户接车时，发现钣金油漆作业后的右前翼子板上有一处喷漆后的不是很明显瑕疵。服务顾问进行了有关解释，但客户拒绝接车，要求返修。

思　考

（1）发生这种情况的主要原因是什么？如何避免这种情况的发生？
（2）遇到这种情况，服务顾问是否应该向客户进行解释？为什么？
（3）如何正确处理本案例中客户拒绝接车的问题？

案例启示

（1）维修保养完成后，应该进行质量检查，合格后才能交车。
（2）如果交车时发现问题，应该及时与客户联系说明，返工解决问题。如果延迟交车，请客户谅解。返工合格后再通知客户接车。

【导入案例 9-2】 维修质量抱怨

（接【任务 8 导入案例 8-1】）

过了几天，张女士用玻璃清洗液清洗玻璃时，发现没有清洗液喷出。她查看了清洗液罐，发现清洗液存量充足。张女士决定返回维修公司处理此事。

张女士到达维修公司，找到了服务顾问钱进。此时钱进正在忙着接待一位客户，没有察觉到张女士的到来。张女士等了一会，终于忍不住了，对着钱进说道："小钱，我有点事情找你。""张女士，您好。我现在正忙着，请您待会再说。"钱进说道。等了一会，张女士忍不住说道："你们是怎么修的车，我车辆的挡风玻璃清洗液还是不能喷出。"听到张女士这么说，钱进似乎不相信，说道"不会吧，应该修好了。""你试试。"钱进试了试确定不能喷洒。"张女士您不要生气，我马上安排维修。"钱进对张女士说道。张女士不高兴了，"你说得简单，你们上次没有维修使得我的车辆不能正常使用，而且影响我的工作。你要说清楚这件事情怎么处理。""您放心，我们马上进行维修。"听了这话，张女士更加生气地说道："你们上次分明是没有进行过修理，我要求你们重新进行维修，同时要给予赔偿。"钱进继续与张女士解释，并且不同意赔偿，只同意返修。由于双方意见不统一，在服务经理的干预下，同意对车辆进行返修，同时对张女士给予适当的补偿。但张女士仍然声称保留继续投诉的权利。

思 考 ▶▶

（1）本案例中，服务顾问钱进的工作中有哪些做法不符合规范？ 规范的做法是什么？
（2）如何避免客户的抱怨升级？
（3）这场争论对钱进正在接待的客户有什么负面影响？ 应该如何避免？

案例启示

（1）维修保养完成后要进行认真的质量检验，确保维修质量。
（2）遇有客户抱怨时服务顾问要积极处理，避免客户的抱怨升级。同时要在私密的空间进行处理，避免给其他客户留下不良的印象。

学习目标及要求

掌握客户产生抱怨或要求车辆返修的主要原因与解决办法。
通过学习和情景模拟练习，熟悉服务顾问按要求处理客户抱怨或返修的方法。

学习内容

汽车维修服务企业应该提高维修质量和服务水平，减少车辆返修和客户抱怨，提高企业的信誉。

客户产生抱怨的原因主要有车辆维修保养质量问题和服务质量问题等方面。若客户的车辆在维修保养后不久就出现问题，客户就会自然地认为是维修保养质量不好导致的，就会对维修保养质量进行抱怨甚至发展为投诉。

面对客户的抱怨与投诉，汽车维修企业要积极应对，在第一时间处理，让客户满意，弥补前期工作的缺陷。

要正视问题并及时解决客户关心的问题，发现服务中的问题并及时采取对策，处理好客户投诉，消除客户的不满，提高客户满意度。

通过总结，发现并关注问题的发展趋势，预防和避免同类问题重复发生，防止客户投诉问题的持续化和扩大化。

通过分析客户的抱怨与投诉，可以知道维修服务企业存在的不足，找出改进服务质量的方法，弥补企业与客户之间的裂隙，使客户成为企业的长期理性的客户。

9.1 导致客户抱怨的原因

客户抱怨的最根本原因是客户没有得到预期的服务，即服务的实际情况与客户期望有差距。即使使我们的产品和服务已达到良好水平，但只要与客户的期望有距离，抱怨与投诉就有可能产生。

导致客户抱怨甚至投诉的原因很多，但是归纳起来常见的原因有：

① 预约管理问题。由于客户信息登记不详细，企业内部沟通和协调工作不好，使得工作安排不合理，导致客户非维修等待时间或维修等待时间过长。

② 维修技术水平差。服务顾问或维修技师对客户报修项目分析判断不准确和不彻底，使得故障隐患没有排除；或采取不规范的维修操作方式，造成车辆故障隐患。

③ 维修保养过程管理不规范。车辆竣工检验工作不规范，有些作业项目不合格或未进行。

④ 没有兑现对客户的承诺，造成客户信任度降低。

⑤ 服务态度不好。接待人员的服务态度不好，没有主动关心客户，解决客户提出的问题，也没有向客户解释清楚。

如果客户对服务有抱怨，而接待人员的服务态度又不好，在与客户沟通时，没有在态度上和方式上采取积极的弥补措施，而是一味的辩解，因此会加剧客户的抱怨，就有可能成为客户抱怨升级导致投诉的触发点。

9.2 客户抱怨与投诉的目的

不论是什么原因导致客户抱怨与投诉，客户并不是打算无理取闹，其目的是希望他们提出的问题能够得到重视和得到圆满解决。

9.3 抱怨与投诉处理

在处理客户抱怨与投诉时，要做好以下几点：

① 热情接待，关心客户。在抱怨与投诉时，客户需要理解和关心，希望自己受到重视和善待。他们希望与他们接触的人是真正关心他们、理解他们的要求和能替他们解决问题的人。

② 倾听客户述说，不要与客户争辩。解决客户抱怨与投诉时，要在倾听中找出客户抱

怨与投诉的关键原因，提出解决办法与客户协商，双方达成共识。而不是与客户争辩、否认或推诿。

③ 解决问题，赢得客户认可。如果是因为接待人员或公司的过失而引起客户不满的，要向客户道歉，并且感谢客户的意见反馈。要了解清楚详细情况后再做结论，并回复客户处理结果。

如果是由于客户的误解而导致的抱怨与投诉，要有礼貌地向客户解释说明事实真相，让客户相信公司在此事上没有责任。

9.3.1 抱怨与投诉处理的原则

① 首问负责制。首先接到客户抱怨与投诉信息的单位或个人，必须自始至终地进行有效解决或配合客户关系部解决问题，并使客户满意。

② 制定完善的处理流程。制订自接收客户咨询、抱怨与投诉信息到最终彻底处理完毕的工作流程，按照流程的要求解决问题。

③ 按照事态的性质分类处理。根据客户抱怨与投诉的不同原因和影响程度，划分不同的等级，用相应的方法处理。

如果是属于轻度抱怨，即客户不满意程度较低或客户权益损失较小，通过与客户的沟通和必要的服务能够快速消除客户的抱怨与投诉。例如因为一般产品质量问题引起客户的一般性投诉，或客户车辆维修时因为临时配件短缺而导致的客户抱怨。

如果是属于中级抱怨，即客户不满意程度较高或客户权益损失较大，通过必要的道歉和服务即可消除的抱怨。例如因为服务态度恶劣而导致的客户投诉，配件短缺（配件短缺时间超过规定时间）导致的客户投诉，维修水平问题导致车辆故障不能及时排除而导致的客户投诉。

如果是属于强烈抱怨，即产品或服务存在较大的不足或对客户造成较大的权益损失，客户提出索赔要求已超出正常维修范围的抱怨。通过上级服务经理和服务总监，通过道歉和解释相关服务条款，向客户提供超值服务的方法消除抱怨。例如多次修复不能排除故障而造成的客户投诉；车辆主要配件总成出现重大质量问题造成的客户投诉；车辆配件多次、集中发生故障导致客户对产品质量产生怀疑，造成的客户投诉等。

如果是属于非理性抱怨，即客户对服务政策及相关规定的误解、客户有意不配合或刁难的、客户提出的不满意理由明显属于期望值太高等原因产生的抱怨。通过上报服务经理和服务总监，通过解释相关服务条款和相关法律，与客户协商解决，或通过法律程序解决。例如配件远超出保修期限却要求索赔的投诉；由于非质量原因导致的故障要求索赔的投诉；客户对处理人员有意回避或不配合；客户提出条件过于苛刻，远超出正常索赔范围等。

9.3.2 处理抱怨与投诉的基本要求

客户抱怨与投诉的表象是维修质量或服务质量不好，但是隐含需求则是体现了潜在的心理尊重需求，以及希望返修或下次维修在价格上给予优惠或免费。因此，汽车维修企业在处理客户抱怨与投诉时应该做到：

① 接到客户抱怨与投诉电话时，服务顾问或服务经理主动与客户沟通致歉，了解客户车辆现状，若客户车辆需要救援则应在第一时间实施救援。

② 了解情况，让客户倾诉，做好沟通、解释和补救工作，使客户恢复平静情绪。对可

能存在的误解向客户解释说明，如对现在发生的故障与上次的维修保养是否存在必然联系要作出合理的技术解释。

③ 若客户到来，要热情接待客户，待客户情绪平静后，深入地了解情况，进行必要的解释与说明。

④ 寻求补救解决措施。如解决客户车辆故障问题，告知客户立即安排技术优秀的维修技师为客户进行车辆维修保养，在维修收费上适当给予优惠，承担客户自行维修所产生的费用和减免返修费用。

对于能够明确认定责任的抱怨与投诉，例如质量问题、服务态度、文明生产和工期延误等原因引起的抱怨与投诉，在完成责任认定并对责任人完成处理意见后，向客户通报处理结果（如对当事人进行内部教育或处罚），向客户诚恳表达接受监督的意愿。

⑤ 对于当时无法确定责任的抱怨与投诉，首先向客户致歉，向客户说明事情的不确定因素，并争取客户的谅解，明确处理问题的期限，在客户确定的时间内必须给客户答复。

9.3.3　处理客户抱怨与投诉的注意事项

① 热情礼貌地接待客户，虚心听取客户意见，让客户倾诉自己的怨言；不要急于为自己开脱。

② 请客户到单独接待室内交流，以免干扰和影响其他客户。

③ 注意心理换位，把自己置身于车主的处境来考虑问题。

④ 用丰富的专业知识向客户解释。

⑤ 耐心地与客户沟通，争取与客户取得一致，不要急于打发客户。更不能随意向客户许诺。

⑥ 要一次性地和及时地处理问题，避免造成客户投诉升级。

9.3.4　内部改进措施

在客户抱怨与投诉处理后，要针对抱怨与投诉所暴露出来的问题，进行内部改进和提高。

① 完善预约登记管理流程，加强前后台信息交流，改进和规范服务接待与维修车间的工作衔接。

② 加强服务接待人员服务规范、服务理念和沟通技巧的教育和培训。

③ 加强维修技能专业培训，加强维修质量检验的规范。

④ 内部通告处理结果，教育员工，同时针对此投诉所反映出的问题制订相应管理和服务等改进措施。

9.4　客户抱怨与投诉处理流程

处理客户抱怨与投诉的基本要求是要站在客户立场上，体会客户的心情，真正为客户着想。对于客户的任何抱怨与投诉都要心存感激，客户有抱怨与投诉就说明维修服务企业有管理缺失，解决了客户的抱怨与投诉就是改善了企业的服务。

对客户的投诉应该给予最大程度的关注，认真耐心听取客户的述求；处理客户抱怨与投诉时不能主观臆断，要根据实车、实物和现场的情况仔细查看。所有能够让客户满意的方法都必须进行尝试。对于重大客户投诉以及重复投诉,更应该给予足够的重视。

为了处理好客户抱怨与投诉,要建立起相应的协调处理机制,包括建立完善的客户投诉处理流程,在及时处理客户抱怨或投诉的同时,还要通过持续改善措施的实行,预防和避免问题的出现,特别是同类问题的出现。客户抱怨与投诉处理流程如图9-1所示。

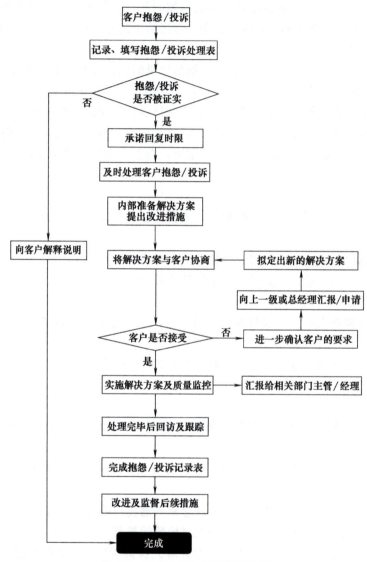

图9-1 客户抱怨与投诉处理流程

9.4.1 用心聆听

对所有客户抱怨与投诉都应重视,无论是客户直接投诉还是客户服务专员回访时了解到的投诉,以及其他渠道转来的客户投诉。

当客户来电或到达公司抱怨上次车辆维修或车辆保养质量不好,出现质量问题而提出返修时,应该第一时间接待客户,安抚客户,查看故障并确定原因,提出解决方案。

在接到客户投诉后,向客户道歉并安抚客户,要迅速做出反应,而不是拖延或沉默,要迅速采取措施:"我们会优先处理您的问题"或"如果我无法立刻解决您的问题,我会告诉您处理的步骤和时间的"。

通过听取客户的述求，找出客户抱怨与投诉的要点，重新整理后用自己的话语复述给客户，让客户知道我们已经明白了客户的述求，知道了客户的要求。

9.4.2 仔细询问

在接待抱怨与投诉客户时，要引导客户说出问题重点，针对客户的述求，表示同情与理解，找出双方一致同意的观点，表明你对客户的理解。如果客户感知到了你对他的关心，理解他提出的问题，理解了他的心情，怒气便会自然消减。

在与客户沟通时要做好记录，把客户反映的问题记录下来，比如时间、地点、人员、事情经过、其结果如何等问题，了解投诉事件的基本信息，并初步判断客户的投诉性质，填写客户投诉处理表（见表9-1）和返修车辆记录表（见表9-2），交由相关部门经理处理，明确处理责任人和处理时限。

表 9-1 客户投诉处理表

客户投诉处理表			
		文件编号：	序号：
客户姓名：	车型		车号：
客户地址：			联系电话：
客户意见及建议：			
部门处理结果：			
		部门负责人签名：	年　月　日

9.4.3 解决方案确定

服务顾问在接到客户抱怨与投诉后，首先调出客户基础资料（车辆档案、索赔记录、抱怨记录等），对客户反馈信息的真实性进行核实；认真听取客户抱怨与投诉内容并做出初步分析，与客户沟通予以回复，填制客户投诉处理表。

表 9-2 返修车辆记录表

返修车辆记录表							
车牌号		车型		客户		保修期	
VIN 码		原维修技师		原服务顾问		本次服务顾问	
返修原因	□配件品质不良 □设备不良		□工作方法不正确 □管理不良		□操作者疏忽 □其他	□交修不清楚	□车辆制造品质不良
采取对策	返修维修技师		指导者		重修费用	实施教育训练	
^	1. 重修作业内容评述 2. 采取的对策 3. 重修后状况 4. 是否需要寻求技师						
服务经理:				前台主管:			车间主任:

在解决客户抱怨与投诉时要遵循"补偿、口头道歉和给予客户惊喜"的原则,进行适当的服务补救(服务补救是服务企业在出现服务失误时所做出的一种即时性和主动性的反应,通过这种管理模式更有利于提高顾客满意和忠诚度),服务补救的原则是客户满意、员工满意,同时让员工从服务补救中学习正确的观念。

通过与客户沟通,找出客户可以接受的处理办法,如果客户提出的解决办法无法决定,可推荐其他合适的人继续与客户沟通,但要主动地代为联络,不能让客户自己去联系。

在处理客户抱怨与投诉时,相关责任部门应随时保持与客户关系部沟通,了解投诉处理的进展。

在了解客户投诉意图的基础上,就要分析确定是否属于质量保质期内,是否属于返修。

在对车辆故障进行检测时,如果确定是上次维修不到位,应立即对客户的车辆进行返修作业并向客户致歉,安排维修。

当确定对客户车辆进行返修时,要对相关事项进行详细记载,填写返修报告表,转维修班组处理。对一般性问题由班组自行解决,并组织分析,确定结论。对于较重大的质量问题,由公司有关部门组织召开分析会,确定结论,填写返修记录表,做好存档工作。具体见图 9-2。

如果是其他新的故障,服务顾问应做好解释,不要让客户认为是在推卸责任。对客户做好了解释工作后,按正常维修流程及有关制度进行操作。

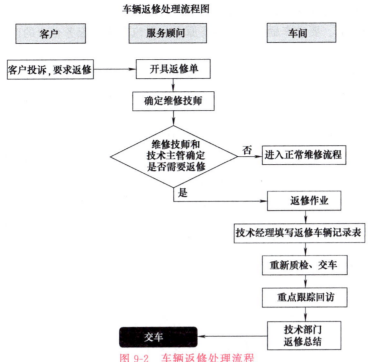

图 9-2　车辆返修处理流程

9.4.4　车间返修

返修的目的是降低客户抱怨程度，提高客户满意度。

返修项目班组在维修时间上优先安排的原则，不得借故拖延。按照返修流程进行操作，正确查找原因，并按照规定执行奖惩制度。车辆返修处理流程如图 9-2 所示。

对返修内容有异议时可向车间主管、技术经理或服务经理等反映，决不允许以此为理由拒绝返修。

车间接到返修车辆的任务委托书后，应立即认真高效地对返修故障进行排除操作，返修车辆工作完成后，必须先班组自检，交给质检员/技术经理进行复检，服务顾问交车前检验合格后才能交给客户接车。

返修完成交车后，服务顾问将此车的返修车辆记录表和维修任务委托书一同交客服部保存归档。

9.4.5　总结提高

在返修完成交车后，要再次回访客户，跟踪客户满意度。同时进行总结，需将处理过程记录备案存档，找出客户抱怨与投诉的原因，制订预防性措施，避免以后再次发生此类问题。

9.5　返修与抱怨处理流程的实施

9.5.1　返修与抱怨处理流程关键点

客户抱怨与投诉处理流程的主要步骤是立即反应、自我介绍、积极聆听、解决方案、达成共识、执行方案、感谢客户、案例分享。

客户抱怨与投诉、要求车辆返修的主要原因是对汽车维修服务企业的产品和服务不满而产生的负面评价。

处理客户抱怨与投诉的原则是对客户的抱怨与投诉要表达足够的重视，对客户的车辆返修要求表示理解。在处理客户抱怨与投诉时要保持平静友好，绝对不要显示出丝毫的敌意，不论是在言语上还是在肢体语言上都要格外留意。

待客户平静后，详细了解客户抱怨与投诉的原因，提供解决方案，注意在提供解决方案时不要自作决断，如超出自己的职权范围，要上报等待指示。如果抱怨与投诉升级，一般要用更换接待人员和改变处理策略，但是要通知客户，并且一直跟踪到客户满意。

通过了解客户抱怨与投诉的原因，一方面可以掌握维修企业在维修作业中存在的不足，另一方面又可以更好地了解客户的需求和期望，接受客户和社会的监督，提高客户的满意度。同时可以进行内部改善，提高服务工作质量。

解决好客户抱怨与投诉的问题，可以提高客户满意度，从而提高客户忠诚度，降低客户流失率。

9.5.2 返修与抱怨处理流程的步骤和执行标准

（1）客户投诉受理。客户提出抱怨和要求返修时，要按要求进行处理。面对情绪激动的客户，服务顾问要保持心平气和，态度诚恳，让客户宣泄不满情绪。用心倾听和理解客户的感受，避免矛盾激化。

通过安抚客户并积极地与客户进行交流沟通，用心收集信息并分析得到客户抱怨的主要原因。

（2）与客户协商解决问题。要快速、简捷地解决客户投诉，不要让客户失望。确定客户车辆是否在质量保证期内和是否属于返修范畴。如果客户车辆是在质量保证期内或是属于返修范畴，则服务顾问要向客户道歉，进行必要的解释说明工作，让客户同意返修处理和进行必要的补偿。在客户同意返修方案后，服务顾问依据工作流程和要求开出返修施工单（见表9-3），交车间进行返修作业。

表9-3 返修施工单

返修施工单						
编号：	□内返	□外返		年 月 日		
托修方		车牌号		VIN号		
车型		维修类别(项目)		原维修日期：年 月 日	返厂时间(里程)：	km
返修项目		返修交车时间：年 月 日		原操作者	原班组长	
原维修接待		本次接待		返修者	指导者	
返修费用		实施教育训练参加人员				
检修项目						
返修原因	□配件品质不良　□工作方法不正确　□操作者疏忽　□交修不清　□车辆制造品质不良　□管理不良　□其他 注明：					

续表

采取对策	重复操作者		返修费用	
	返修操作内容			
处理过程及结果				
服务经理		车间主管	班组长	返修操作者

如果客户车辆不在质量保证期内或不属于返修范畴，则需要向客户说明，同时就客户车辆问题提出解决方案，征得客户同意后方可进行维修作业。此种情况下，服务顾问办理正常施工单，交车间进行正常维修。

（3）承诺回复时限。客户服务专员不能立刻解答的问题或需处理的投诉，在征求其他部门的同意后，再予以回复，不得随意承诺。

（4）确定维修技师。返修可以分配给原维修技师进行，因为原维修技师熟悉此车辆的故障现象，可以结合上次的维修过程做进一步检测。也可以分配给另外的维修技师，因为其他的维修技师可能从不同角度分析问题，不会受到上一次维修时的故障判断思维的局限；或者分配给维修技术高于原维修技师的人员进行返修。

（5）找出原因，解决问题。在返修的故障诊断和维修过程中，要找出故障的真正原因，按技术要求完成维修工作。并分析上次维修未果的原因，避免以后出现同样的问题。

（6）总结提高。相关责任部门应随时保持与客户关系部沟通，了解投诉处理的进展，在投诉处理完成后，将处理过程补充填写在投诉处理表上，并将其返回给客户关系部以备后续跟踪及归档。

返修结束后，找出本次返修的原因，要对责任人进行批评教育，规范工作流程。相关资料整理并留存备查。

（7）客户跟踪。在客户车辆返修完成，向客户交车后，客服中心要进行重点跟踪回访，保证客户满意。

9.5.3 返修与抱怨处理实施训练

9.5.3.1 训练要求

通过情景模拟，学习处理客户抱怨与投诉和返修的基本流程和要求，根据行为规范要求进行练习。

训练时学生进行角色扮演，要求"工作人员"和"客户"按照真实的工作场景进行练习。完成下面训练内容：

耐心倾听"客户"的投诉，不要中途打断"客户"的倾诉。

首先致歉，安抚"客户"的情绪，表示理解"客户"的心情，但不要轻易表示认同。

积极倾听和提问，必要时准备电话录音充分收集"客户"信息，确认问题关键点。

在解决"客户"投诉时,要加以记录,形成书面文件。

及时为"客户"解决问题,告知"客户"处理方案和时间。

处理后要告知"客户",确定"客户"对处理问题的满意度,并表示感谢。

确认解决进程的时间点。

9.5.3.2 话术范例

在处理客户抱怨与投诉时要主动和客户进行沟通交流,表现出诚恳、积极的态度,并安抚客户。与客户交流时要使用规范的语言,对于客户提出的问题,工作人员要按话术进行回答。避免由于回答的不统一或不专业而引起客户的误解,使客户抱怨与投诉升级。

(1)安抚客户,稳定客户情绪。主动和客户进行沟通交流,表现出诚恳、积极的态度,并安抚客户的心情。"先生/女士,我有什么可以帮您的吗?""先生/女士,您先别着急,有什么事情您和我说,我看看有什么可以帮助您的。"

(2)积极提出解决方案,征求客户的意见。"经确认,故障的原因是我们的工作的确没做到位,给您带来了不便,我们会积极给你解决,您看我们准备用×××方法解决,或者用×××办法解决,并赠送您两次免费保养,我们一起商量一下哪种方案更理想,好吗?"

(3)告知客户解决所需要的时间。告知客户解决所需要的时间可以缓解客户的焦躁情绪,注意要留有余量,以确保准时完成。"×先生/女士,事情我们已经了解清楚,解决的方案也确认了,我们将在三天内解决,并告知您,让您满意。""×先生/女士,您说的内容我都详细地记录了,为了更好地帮您解决问题,有些具体的情况我们还需了解清楚,您看这样吧,我们三天之内给予您解决方案的答复,那时咱们一起商量出最佳的解决办法。"

二维码9-1
返修与抱怨处理流程实施情景

微信扫一扫,
观看三维模拟动画,
听取专业话术录音

(4)表示感谢。在与客户协商解决方案达成共识或者问题已经圆满得到解决后,要询问客户的感受,并对客户的理解与配合表示感谢。"×先生/女士,问题已经解决了,再次对给您带来的不便表示歉意,同时也感谢您对我们工作的帮助和理解。"

9.5.3.3 流程演练

根据上面的内容和要求,进行"客户打来电话明确表明不满情绪和要求车辆返修"和"客户到来,对车辆的维修质量明确表明不满意,要求车辆返修"的情景设计,完成相关内容的训练。

9.5.3.4 角色扮演考核

(1)话术考核 根据下面的对话,完成考核,要求如下:

① 按下面情境设计话术,分组进行练习及考核。

客户:"你们是怎么修车的,同样的问题修了好几遍?你们到底能不能修好啊?"

应对话术:"十分抱歉给您造成的不便,我们会对您的车再做一个全面检测,请放心,您会在最短时间内得到圆满答复。"

a. 如果是维修质量问题,再做一些道歉,和客户协商其可以接受的方案。

b. 如果不是维修质量问题,礼貌地向客户解释检测结果和提出解决方案。客户认同后实施。

② 学习上述情境的应对话术,完成客户抱怨"发动机维修后怠速不稳"、"维修变速器后行驶了20000千米就出现变速器漏油的情况"和"保养后不久又出现了××问题?"的情

景相关话术设计，分组进行练习及考核。

（2）角色扮演　客户抱怨的主要原因是对汽车维修服务企业的产品和服务不满意，即达不到客户的期望值。

处理客户抱怨时，要根据客户的特点而采取不同的应对策略。

① 对于控制型客户要在尊重客户上下工夫。这类客户的表现是克制自己不发怒，直接找决策者解决问题，不愿意回答问题，总在质问。

处理时要尊重客户，多使用敬语，多作解释工作。重复客户说话的重点，让客户感到被重视。

② 对于发泄型客户要让客户宣泄怒气，但是要尽快弄明白其发怒的原因。处理时要注意给客户宣泄不满的机会，表示认同或体谅客户的感受，同时找准机会转换话题，让客户一起参与做出决定。

③ 对于喋喋不休型客户要尽快了解客户抱怨的原因。处理时要保持冷静，避免闲谈。用问题来确定客户的目的，用问题来引导客户并取得主动权和控制权，提出建议并获取客户的同意。

根据以上原则，模拟处理下面的客户抱怨：

① 受理投诉

工作人员："您好，×××4S店，请问我有什么能帮助您的？"

客户："我要投诉×××。"

工作人员："先生/女士，先不要着急，请问您贵姓，您的车辆具体情况先和我说一下，我会详细记录，并帮助您找相关部门负责人了解情况，给您满意答复。"

客户："××××××。"

工作人员："您投诉是针对××××××的对吧，首先我们很抱歉给您造成了不便，请您不要着急，我马上将您的情况向××报告，同时我们会在××××××分钟后给您答复。您的联系方式是××××××对吗？请您先挂机，我马上处理您的相关事宜。"

② 依照承诺的时间解决客户的投诉，并回复客户。

工作人员："您好，请问是陈先生吗？我是×××4S店，刚才您致电给我们，投诉相关××事宜对吗？"

客户："是的，问题解决得怎么样了。"

工作人员："您别着急，经过我们的了解，决定对于此事作出如下措施，方案一：×××；方案二：×××。请问您希望采取哪一种方案呢？"

客户："那就用第二种吧，不要再有下次了。"

工作人员："好的，再次为给您带来的不便表示歉意，同时也感谢您对我们工作的关注，今后还希望您能一如既往地关注我们。"

客户："好了好了，就这样吧。"

工作人员："打搅您了，祝您一切顺利。再见。"

③ 如果客户对解决方案不满意，要询问客户想法，并做必要的解释和沟通。

客户："我对这两种方案都不太满意。"

工作人员："这样呀，为了更好地达到您的要求，我可以问您一下，您认为哪些地方您不满意？或者您有什么解决的建议？"

客户："我希望能得到×××"

工作人员："好的，我已经把您的要求记录下来了，您还有什么意见吗？"

客户："没有了。"

工作人员:"那您的意见是×××(重复客户的要求加以确认),我马上去和相关部门和人员进行沟通,一天之内给您回复,请您等待一下。谢谢您。再见!"

④ 针对客户的要求迅速在内部开展研讨并制订解决方案,随后按时给予客户答复。

工作人员:"您好,是陈先生吗?我是×××4S店,刚才您致电给我们,投诉相关××事宜,对吗?"

客户:"是的,问题解决得怎么样了。"

工作人员:"您看近期方便到我店来吗?我们将依照您的要求和您协商具体事宜。对于给您带来的不便表示抱歉。您看什么时间您比较方便?"

客户:"那周三吧。"

工作人员:"好的,陈先生。那我们×月×日×点,恭候您的光临。祝您愉快,再见。"

⑤ 如果客户不能到店。

客户:"就电话说吧,我没有时间。"

工作人员:"陈先生,我们根据您的意见做了很多的工作,而且需要相关人员和部门跟您当面进行沟通,这样确定起来比较有效率,我们真心希望尽快为您处理好问题,您也希望这样是吧,您看我们约一天的时间吧。"

客户:"那好吧,就周三吧。"

工作人员:"好的,陈先生。那我们×月×日×点,恭候您的光临。祝您愉快,再见。"

⑥ 典型谈话:顾客打来电话表示不满情绪和投诉,但是目的不明确。

工作人员:"您好,×××4S店,请问我有什么能帮助您的?"

客户:"我要投诉×××。"

工作人员:"×先生/女士,先不要着急,您所指的是具体哪个方面的不满意呢?您是对等待的时间还是我们的服务态度还是……"

客户:"我主要是觉得你们的等候时间太长了,说了半个小时,结果我足足等了1个小时。"

工作人员:"×先生/女士,我们在工作中可能出现了不足,向您表示诚挚的歉意,感谢您对我们的支持。您能和我说一下具体的原因吗?"

二维码9-2
返修与抱怨处理的话术

微信扫一扫,
观看三维模拟动画,
听取专业话术录音

任务要点总结

汽车维修服务企业应该提高维修质量和服务水平,减少车辆的返修和客户抱怨,提高企业的信誉。

及时处理好客户的抱怨,消除客户的不满,提高客户满意度。

通过客户的抱怨与投诉,可以总结发现问题发展的趋势,预防和避免同类问题的重复发生,提高服务质量。

思考题 ▶▶

1. 导致客户抱怨与投诉的主要原因有哪些?
2. 汽车维修服务企业如何从客户抱怨中获得哪些启示?
3. 如何处理客户抱怨?
4. 如何进行车辆的返修处理?

任务10

跟踪服务

导入案例

【导入案例10-1】 维修后回访

信息员打电话回访客户："张先生，您好。前两天，您在我们公司对您的爱车做了维修，换了一个水泵，请问现在水泵还漏水吗？"

张先生：客户说："好像还有点漏水，下面有一摊水。"

信息员："真是对不住了，我马上联系服务顾问进行返修。"

随后信息员联系服务经理，告诉他张先生车辆的水泵又漏水了。

服务经理随信息员来到客户中心，向张先生了解情况。

服务经理："张先生您好，我是×××公司服务经理××，我想向您了解您爱车的漏水情况。"

张先生："好的。"

服务经理："请问漏出来的水是什么颜色的？"

张先生："是透明的。"

服务经理："那是正常的，那是空调水。发动机防冻液一般是绿色的或者蓝色的，如果漏出的水是这个颜色，则说明发动机可能漏水。"

张先生："是这样啊，没有故障我就放心了。"

服务经理："谢谢张先生理解，如果您需要我们做什么请告诉我们，我们随时为您服务。张先生再见。"

思 考

信息员这样询问客户水泵维修后的情况合理吗？ 如果不合适请设计合理的话术。

【导入案例10-2】 如何冷静地面对客户的抱怨

某车刚刚检修完"偶尔熄火"的故障,维修厂更换了火花塞,检修了相关电路。维修后不久,该车在高速公路上再次熄火,被高速公路清障车拖至修理厂。

客户(司机):"刚刚修完的车就这样,你们修理厂还能修车么,哪一位说了算。(客户激动地边说边拍击前台办公桌)"

接待员:"您请坐,有什么事情请您慢慢说,请您告诉我事故发生时的情况。"

客户描述故障过程。

接待员:"给您添麻烦了,对此深表歉意。不过这个问题超过了我的权限,这样吧,我带您去见我们经理。"

(服务经理办公室)

客户:"老板仍在高速公路上等待,赶快给我解决办法"。

服务经理:(请坐、上茶、递烟)"我马上安排人员去接您的老板。"

客户:"这次车辆故障使我们老板很不满,害得我还要挨骂,耽误我们多少事情知道不?"。

服务经理:"您知道这种偶尔发生的故障是很难查的,我们可能在技师安排上有问题,我马上给您安排技师彻底检查。对这次事故给您带来的不便我深表歉意,一会麻烦您把老板的电话给我,让我向他解释一下,别让他认为是您的错。"

客户:"这倒不用了。"

经过协商,问题得到圆满解决。

思 考 ▶▶

(1)这个案例中接待员和服务经理做得正确和不正确的地方有哪些?
(2)应该如何接待正在发火的客户?

案例启示

因为人冲动时容易犯错,所以客户激动时要先让客户冷静下来,也许就容易与客户沟通了。

学习目标及要求

熟悉客户档案建立和保管的方法和要求。
掌握客户投诉处理的相关流程和要求。
掌握跟踪服务的具体内容和要求。
掌握客户满意度的调查方法和分析方法。

任务10 跟踪服务

学习内容

汽车维修服务企业必须做好跟踪服务,掌握服务的不足之处,了解客户对服务的评价和期望。同时还可以了解客户对员工评价,改进他们工作中的不足。

跟踪服务的要求是跟踪服务由专门的机构和专业的人员负责,建立和使用高效的跟踪系统,处理问题要及时和高效。

要求做好跟踪服务计划,采用合适的跟踪服务形式。对跟踪服务人员进行培训,授予他们适当的处置权,确保在第一时间处理好客户的抱怨。

利用跟踪服务的资料进行结果分析,提出改进意见,做好内部改善工作,提高客户满意度和忠诚度,降低客户流失率。

10.1 客户档案管理

10.1.1 客户档案的建立方法

客户是企业的重要资源,建立客户档案的前提是要有准确的客户信息来源。准确的客户信息常有以下三种来源。

(1) 销售记录。如果一个企业刚刚开始建立客户档案,查阅企业销售记录是一个最直接、最简单的方法。从销售记录中,可以看到现有客户和曾经进行交易的伙伴名单。

(2) 车辆管理部门档案。从车辆管理部门获得所需的客户信息和客户车辆信息。

(3) 维修服务登记。在维修服务时进行登记是一个最简单的办法。

在维修保养客户接待时,接待人员当日要为每一位客户建立业务档案,如是老客户则在客户档案中进行此次内容的备案。

建立客户档案要细心,不可遗失档案规定的资料,也不可随意乱放,应放置在规定的车辆档案柜内,由专人保管。

10.1.2 客户档案的建立内容

建立客户档案可以更好地记录客户资料,详细地了解客户。

当客户到汽车维修服务企业进行车辆的维修保养或咨询、商洽有关事宜时,在办完有关手续或商谈完后,业务部应及时将客户有关情况整理制表并建立档案,完成档案归档整理工作。

客户档案包括客户车辆档案、客户个人资料档案和客户车辆维修档案等内容,具体包括客户有关信息资料(姓名、身份证号、联系方式等);客户车辆有关信息资料(车型、车牌号、VIN号、发动机号、车身颜色、购车日期、首次保养日期及里程等);维修保养信息资料(维修保养项目及结算情况、维修派工单编号、维修日期、维修内容、更换配件名称、各种费用、保养周期、下一次保养日期等);观察得到的有关信息(客户学历、收入、单位及其地址、感兴趣的服务、来站间隔时间、付款方式等);客户投诉情况(来访日期、内容、要求等)、客户咨询情况(希望得到的服务和解决的问题等)。

客户档案是客户数据库资料的基本内容,完善的客户档案是企业与客户联系的纽带,通过客户档案,企业可以了解客户的性格、工作背景、收入状况、车辆状况和与维修企业合作的情况等。

（1）基本资料：主要包括客户姓名、家庭住址、工作单位、联系方式、出生日期、性格特征等。

（2）教育背景：接受教育经历、目前学历层次等。

（3）家庭及个人生活：婚姻状况、家庭的结构、重要的纪念日、配偶及子女的情况，本人的健康状况、饮食及休闲习惯、喜欢的运动及聊天话题等。

（4）人际关系：与亲人、朋友及邻里相处的情况，接触的频繁程度，对人际关系的看法等。从事的职业、年收入、对目前公司的态度、对事业的态度、事业目标、最开心的个人成就、与本公司的业务往来情况、与本公司关系如何等。

（5）个性阅历：个性特征描述、特长、业余爱好、忌讳、是否有宗教信仰、专业能力、购买车辆的动机和偏好、目前所在的俱乐部或社团、对目前经历的综合看法、未来的人生目标等。

（6）客户个性：与这位客户交谈有哪些道德顾虑，客户对本公司或竞争对手的意见看法，是否愿意接受他人建议，是否重视别人的意见，是否固执，待人处事的风格。

（7）其他可供参考资料。

具体见表 10-1 "客户档案资料"的内容。

表 10-1　客户档案资料

车辆信息	销售商		购车日期		上牌日期	
	VIN 码			发动机号		
	车牌号		品牌		颜色	
	变速器		配置			
	保险公司		投保类型		车辆用途	
车主信息	姓名		性别		生日	
	联系地址				邮编	
	固定电话		移动电话		传真	
	E-mail		纪念日		工作行业	
	兴趣爱好					
参与活动	活动日期		活动名称		活动内容	
备注						
接收资料目录						
1						
2						
3						
4						
5						
6						
7						
8						

续表

<table>
<tr><td colspan="2">客户洽谈记录</td></tr>
<tr><td></td><td>接待人员：</td></tr>
<tr><td colspan="2">事由(来源、时间、方式)：</td></tr>
<tr><td colspan="2">经过：</td></tr>
<tr><td colspan="2">结果：</td></tr>
</table>

10.1.3 客户档案信息的分析和应用

客户档案一般用汽车维修管理软件系统进行管理，目的是方便记录、更新、管理和查询。

利用客户档案，可以使客户得到更合身、更高效的服务。服务顾问可以从电脑管理软件系统中调取客户相应资料，能够知道该客户是老客户还是新客户，该客户是处在什么样的消费群体之中；能够知道该车上次进行了什么样的维修，能够预测到本次应该进行什么维修保养等。这样就能够在维修价格、维修质量、维修工期、付款方式、维修保养建议等方面与客户进行友好的沟通。

利用客户档案便于进行跟踪服务，使经营活动由被动变为主动。根据客户档案，可以知道该车什么时候进行年审、保险到期、驾驶证审验、下次维修保养等确切的日期，便于在适当的时间开展提醒服务，为客户提供增值服务，同时提高售后服务的业务量。了解客户的满意度和汽车维修服务企业存在的问题，便于企业进行相应的经营决策和及时解决存在的问题，提高客户的满意度。

通过了解客户的信息，可以加强与客户的交流。例如，在某个客户的生日当天，为他送去生日蛋糕，给他一份惊喜，也可以利用客户的业余爱好，与他们进行沟通。汽车维修服务企业要以对待朋友的态度，运用这些客户资料，与客户建立密切关系。

在掌握了客户的档案信息后，就要积极着手分析客户档案。客户档案分析的内容取决于客户服务决策的需要，由于不同企业、不同时期这种需要是不同的，所以进行客户档案的分析和利用的内容也不同。一般说来，常用的客户档案分析内容有客户经济状况分析、收入构成分析和客户地区构成分析。

(1) 客户经济状况分析　利用客户档案记录内容可以详细地、动态地反映客户行为及状况的特点，进行客户经济状况分析，确定针对不同客户的付款条件、信用限度和价格优惠等。信用分析也是客户档案分析的重点内容之一，利用档案中客户经济情况资料、付款方式、付款记录等，还可以对客户的信用进行定期的评判和分类。因此，对于信用分析中信用等级高的客户，作为业务发展的重点，并给予更丰富的资源投入，如优先服务、特殊服务、优惠价格和信用条件等，这对于维护汽车维修服务企业资金良好运行有着很重要的作用。

（2）收入构成分析　　即统计分析各类客户及各类客户中每位客户在汽车维修服务企业总收入中所占比重，以及该比重随时间推移的变动情况，用以表明汽车维修服务企业服务的主要对象，由此划分不同类型的客户。这对于明确促销重点、按照"二八定律"来分类管理客户是十分重要的。

（3）客户地区构成分析　　利用客户档案分析客户地区构成是一种最普遍、简单可行的档案分析方法，分析汽车维修服务企业客户总量中各地区客户分散程度、分布地区和各地区市场对汽车维修服务企业的重要程度，是设计和调整服务网络的重要依据。值得指出的是，这种构成分析至少要利用5年以上的资料，才能反映出客户构成的变动趋势。

除了以上档案分析内容外，在实践中一些汽车维修服务企业还可以利用客户档案进行追踪与评价，客户与竞争者关系分析、客户占有率分析、开发新客户与流失客户分析、企业营销努力效果分析、合同履行分析等。

建立客户档案、收集客户资料的目的是为了利用这些信息，使其在实现企业的客户导向中真正发挥作用，实现信息的价值。因此，要在建立客户档案的基础上，不断开发利用档案信息内容。

客户档案不仅在客户关系管理方面，而且在汽车维修服务企业面向客户服务的各项工作中都具有广泛而重要的作用。业务人员根据客户档案资料，研究客户对汽车维修保养及其相关方面服务的需求，找出下一次服务的对象和内容，如通知客户按期保养、通知客户参与联谊活动、通知客户进行免费汽车检测等。

链接　　二八定律与长尾理论

二八定律又称为帕累托定律、巴莱多定律、最省力的法则、不平衡原则等。

二八定律是19世纪末20世纪初意大利经济学家帕累托发明的。他认为，在任何一组东西中，最重要的只占其中一小部分，约20%，其余约80%的尽管是多数，却是次要的，因此又称为二八法则，并被广泛运用到生活和企业管理方面。

与传统的二八定律相悖的是长尾理论，图10-1所示为长尾理论的模型，横轴表示种类，纵轴表示数量。典型的情况是只有少数产品销量较高，其余多数产品销量很低。传统的二八定律关注其中主体部分，认为20%的品种带来了80%的销量，所以应该只保留这部分，其余的都应舍弃。长尾理论则关注长尾部分，认为这部分可以积少成多，可以积累成足够大，甚至超过主体部分的市场份额。

运用二八定律，还可发现针对老客户营销的意义。长期以来，在生产观念和产品观念的影响下，企业营销人员关心的往往是产品或服务的销售，他们把营销的重点集中在争夺新客户上。其实，与新客户相比，老客户会给企业带来更多的利益，在努力创造新客户的同时，想办法将客户的满意度转化为持久的忠诚度，把与客户建立长期关系作为战略目标。

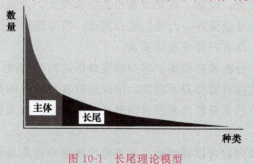

图10-1　长尾理论模型

盲目地争夺新客户不如更好地保持老客户。老客户对企业发展的重要性表现在以下几个方面：

(1) 老客户的长期重复消费是企业稳定的收入来源，给企业带来直接的经济效益。

(2) 老客户推荐新客户光顾可以给企业带来间接的经济效益。

(3) 老客户是企业长期稳定发展的基石，忠诚的老客户不会因为竞争对手的诱惑而轻易离开。

运用二八定律还可以帮助企业挖掘出一些关键客户的价值。在营销过程中，汽车维修服务企业不仅要对客户进行量的分析，而且还要进行质的分析。有些关键客户，或许他们的购买量并不大，不能直接为企业创造大量的利润，却可以产生较大的影响。

链接　顾客的重要性和使顾客满意的要素

1. 顾客的定义

顾客就是具有消费能力或消费潜力的人，是服务的接受者或使用者。要想提供使顾客满意的服务，首先必须了解顾客的分类，只有在对顾客加以区分之后，才能因人而异，提供针对性的服务。满足顾客的需求和愿望是汽车维修服务企业追求的永恒目标。

顾客分为两类，即外部顾客（汽车维修服务企业以外的人）和内部顾客（汽车维修服务企业内部的工作人员，他们依靠我们所提供的服务或信息来完成工作）。

2. 顾客的重要性

顾客是汽车维修服务企业生存和发展的基础，市场竞争的实质就是争夺顾客。汽车维修服务企业要有效地进行顾客管理，首先要树立"顾客就是上帝"的经营理念，汽车维修服务企业的一切政策和行为都必须以顾客的利益和要求为导向，并贯穿到汽车维修服务企业经营的全过程。

(1) 工资是顾客发的。汽车维修服务企业要得到社会的承认，顺利地开展工作，就要确保必要的经费。发给我们的工资和获得利润，这些钱都是从顾客购买汽车维修服务企业的服务所获得的。可以说工资是顾客发给我们的。

(2) 工作时间都是属于顾客的。我们的工作就是将我们的"服务"转换成"时间"来向顾客出售。也就是说，向顾客收取的维修费用都是以每一项作业所花费的时间为基础。因此，要遵守预定完工时间，工作时要想到不能浪费顾客的时间。

(3) 失去顾客等于失业。汽车维修服务企业是靠拥有顾客而得以生存的。我们的工作也是一样。如果顾客对我们公司失去信心，就会到其他的公司去获得服务，我们的经营就会滑坡。

(4) 客户的期望值分析　客户对维修服务企业的一般期望是真诚地对待客户、准确可靠的故障诊断、合理的收费、快捷有效的维修。不同客户的期望会有所不同，如果按照客户车辆档次划分，则拥有不同档次车辆的客户的期望值也会有所不同，见表10-2。

(5) 客户的类别分析

① 按车龄划分（见表10-3）。

② 按车辆用途划分（见表10-4）。

③ 按客户价值划分（见表10-5）。

表 10-2　客户期望值（按客户车辆档次划分）

分类	特征	应对原则
高档车客户	注重品质服务和环境的舒适性,希望受到特别尊重	服务的档次要高,过程要细致、周到,服务人员形象要好,服务应主动、热诚,让客户有优越感。坚持优质优价的原则,可以签订协议价,不宜每次商讨价格
中档车客户	注重服务质量,也要求环境舒适性,重视是否受到尊重	规范化服务,注意环境卫生,注意礼节。做好客户档案,注重发挥个性化服务的作用。价格要准确,也应优质优价,谨慎处理结算时的折扣问题
中低档车客户	注重服务质量、速度、价格,希望环境舒适并受到礼遇	满足客户特别提出的要求(如工期或价格),适当加强用车护车技术指导(可以引导维修消费)
低档车客户	特别注重价格、办事效率	在保证质量的前提下给予价格优惠,服务过程规范化(不简化环节),适当加强用车护车技术指导

表 10-3　客户类别分析（按车龄划分）

分类	特征	应对原则
保修期内客户	对车辆的关注度非常高,对服务站的依赖度也相当高,大部分车辆的保养与维修都在服务站进行	是最基本的目标客户,要引导消费,建立良好的关系
车龄 2～5 年的客户	客户的定期保养的积极性逐年降低,车辆的故障率逐年增大。比较关注服务质量、服务过程和费用,对消费积分或其他服务优惠活动有兴趣	是重点目标客户,积极地接触沟通,提供高质量的服务,创造客户的忠诚度
车龄 5 年以上的客户	车辆老旧,客户的消费欲望降低到最低值;一旦车辆出现大的故障或出险,客户仍然会首选到服务站维修	有针对性地开发客户新的兴趣点,挖掘客户深层需求

表 10-4　客户类别分析（按车辆用途划分）

分类	特征	应对原则
私家车	对消费质量和价格敏感,希望得到清晰的服务,同时也希望得到服务人员的理解和尊重	创新并提供个性化的服务
公务车	对车辆维修质量的关注度是最高的,对服务环境、服务享受、服务人员的礼仪等比较在意	提高服务质量,紧密的私人交往等必不可少
营运车	价格、时间、效率是此类客户接受服务时三大考虑因素,对服务态度、礼仪、环境等方面不足的容忍度较高	服务应体现在快速和适当的价格上

表 10-5　客户类别分析（按客户价值划分）

分类	特征	应对原则
A类客户（忠诚客户群）	消费金额高、消费频率高、对品牌忠诚度高、信用度高、对质量问题承受能力强、素质高、对服务站依赖度高、对价格敏感度低、宣传价值高,是最重要的客户资源	一对一专人服务,第一时间安排技师、工位和配件。优先发布重要优惠和服务提醒信息,严控维修质量、高度重视客户抱怨,区分、熟记、挽留,赢得他们的信任,防止滑向B类客户
B类客户（机会客户群）	与客户接触时间短,未完全挖掘客户潜力,品牌忠诚度尚未形成,对服务存有疑虑,服务尚未得到客户认可	为客户提高优质服务,促使这类客户向A类客户转化
C类客户（边缘客户群）	接受服务以获取已方单方面利益为驱动(如只做保修或免费服务,不做付费维修),与公司的服务业务联系极少,消费周期超过 6 个月或更长时间,也称为潜在流失客户	经常举办免费检测等特色优惠活动,严控维修质量,展示专业技术水平,提供养护、改装等特色服务,加强客户关怀,促使其转化

续表

分类	特　征	应 对 原 则
D类客户 （流失客户群）	过保修期就不再来消费,价格敏感度极高,忍耐力低,极易产生不满情绪,评估服务质量容易以点盖面	宣传展示专业技术能力和水平,定向举办优惠活动,定期回访客户,加强客户关怀,提供优惠的特色服务,招揽客户回流,丰富俱乐部活动,增加凝聚力 分析客户流失原因,及时纠正并改进

10.2　跟踪服务

汽车维修跟踪服务是目前汽车维修服务行业中普遍推行的服务流程之一。通常来说,汽车维修跟踪服务就是汽车维修服务企业在规定的时间段内,根据档案资料,由客户服务部门对已经接受并完成了维修服务的客户进行联系和沟通,以获取相关信息的过程。

客户在维修环节得到的服务会对客户产生不同的感受,客户通过现场、电话和信函等渠道向公司表达,我们称之为客户信息反馈。

通过跟踪服务,可以及时了解客户的动态,解决客户抱怨,发现客户潜在的服务消费需求。做好跟踪服务信息的统计和分析工作,及时向业务主管汇报。

跟踪服务是与客户建立感情和保持日常联系的最佳方法之一。跟踪服务在服务行业是一项很重要的工作,决定着服务及产品的销售是否能够完成。

根据有关的统计数据分析表明:2%的销售是在第一次接洽后完成,3%的销售是在第一次跟踪后完成,5%的销售是在第二次跟踪后完成,10%的销售是在第三次跟踪后完成,80%的销售是在第4～11次跟踪后完成。由此可见跟踪服务的重要性。

第一次跟踪服务的时间一般在客户车辆维修出厂、业务访谈或咨询后三天至一周之内,在第一次跟踪服务后的7～14天内,进行第二次跟踪服务。

在跟踪服务之前,要研究客户档案,发掘客户的潜在需求,拟定跟踪话题。

跟踪服务的手段主要是电话联系,电话内容主要是询问客户车辆维修保养后使用是否正常,体现对客户的关心;征求客户对本公司服务的意见,调查客户满意度;告知客户有关驾驶与保养的知识,或针对性地提出合理使用的建议;介绍公司服务的新内容、新设备、新技术,以及公司免费或优惠的服务活动;提醒客户车辆下次保养时间,欢迎保持联系。

10.2.1　跟踪服务的作用

目前国内汽车维修服务市场的竞争是非常激烈的,汽车维修服务服务质量的好坏是决定汽车维修服务企业生存的关键。因此,客户满意度在汽车维修服务行业有着重要的现实意义。

客户满意度是现代企业服务营销的重要策略,是客户对产品或服务的情感反应状态,是企业用以评价和增强市场业绩、以客户为向导的一整套指标。客户满意度的核心是追求客户的满意并使之成为忠诚的客户,使汽车维修服务企业具有规避市场风险和冲击的实力。

维修跟踪服务是提高客户满意度的一种有效方法,可以使汽车维修服务企业与客户保持联系,获得信息,判断客户是否对服务感到满意,弄清客户需求并找到缓和客户关系的机会和方法,指导汽车维修服务企业进行服务改善。

实行维修跟踪服务的人员有服务专员、保修专员、与客户有联系的职员、专业的跟踪服务公司等。

做好维修服务跟踪，有助于了解客户的需求，优化服务流程，完善企业管理，提高服务质量，避免或解决客户抱怨，及时平息客户的不满情绪，提高客户满意度，降低客户流失率。

跟踪服务可以让客户感受到汽车维修企业的真诚服务，汽车维修企业可以根据客户意见发现服务质量问题，可以及时安排专人进行服务改进，解决客户的问题，提高客户满意度。

做好跟踪服务，可以让客户感到被关注和关心；为客户提供一个反映对本次维修的意见的机会；弥补服务缺陷。

做好跟踪服务，对企业通过了解客户反馈的意见和建议，能让汽车维修服务企业更全面地了解自己的不足，有助于持续改善现有的服务流程和相关细节，满足客户的需求，提高客户满意度与忠诚度。还可以产生新的客户预约。

10.2.2 跟踪服务的内容

跟踪服务的主要内容：一是维修客户的回访，一般在维修后3～5天以电话回访，询问客户车辆维修后的使用情况，并对更换件进行确认；二是客户日常关爱，在节假日前、客户生日前和其他对客户来说有意义的事情（如保险到期、年度车检等）前，以短信、微信等方式向客户表示关爱和提醒，并附上本公司的预约电话及救援电话。

对于每一次跟踪服务电话，包括客户的咨询电话或投诉电话，经办人员都要做好电话记录并整理归档保存，具体见表10-6。

表10-6 跟踪服务电话记录表

客户情况	姓名		车号		车型		电话	
跟踪情况	跟踪日期				是否全部满意			
	不满意项目							
	维修质量	维修速度	服务态度	工时价格	配件价格	配件质量	其他	
	用户建议、批评或表扬							
处理情况				□回答 □返工 □完成				
填表人：			时间：					

10.2.3 跟踪服务遵循的基本原则

① 要尊重客户意愿。在客户方便时进行跟踪服务，如果客户拒绝上门或电话跟踪服务时，应采用其他方式进行跟踪服务。电话跟踪时，要准备好谈话内容，语言要明确简练，不要占用客户过多的时间。

② 要善于在交谈中了解相关市场信息，发现客户潜在的服务消费需求，并及时向业务主管汇报。

③ 交谈中避免过分承诺，有问题时要向客户主动道歉。但在不能判断问题的原因时，既不要把责任推卸给客户，也不能主动承担责任，只要向客户表明会尽快给其一个满意的答复即可。

④ 遇到有不满情绪的客户询问相关问题时，要特别注意处理方法，避免引起客户反感，注意说话的语气、语调，引导客户说明问题或发泄不满情绪以缓解矛盾。

10.2.4 跟踪服务的方式

① 短信跟踪服务。以短信方式进行跟踪服务的成本低、便利性强，但与客户沟通的互动性不好，不利于及时掌握信息。适用于非首次进厂且在上次进厂时进行了保养或小修的客户。此类回访一般在服务交付日后第一天进行。

短信跟踪服务的内容要求精练，便于群发，必须附有反馈联系方式。

② 邮件跟踪服务。以电子邮件方式进行跟踪服务的成本低，当维修店有自己的网站时互动性更好，但是客户接受跟踪服务的便利性不强，且适用于非首次进厂且在上次进厂时进行了保养或小修的、经常使用互联网的客户。此类跟踪服务一般在服务完成后的第一天进行。对于联系电话有误的客户也可以采取这种跟踪服务方式。

邮件跟踪服务的要求是内容简练，模板便于修改，必须有反馈联系方式。

③ 电话跟踪服务。以电话沟通方式进行跟踪服务时要以汽车维修服务企业的名义拨打客户电话，务必让客户感觉到跟踪服务电话是汽车维修服务企业出于和客户保持联系的目的，无意侵犯客户的隐私。如果有些客户不喜欢电话跟踪服务，可以使用邮件、明信片或预付邮资的问卷表的方式完成客户反馈工作。

打电话前要根据客户资料，做好通话内容准备，接通客户电话时要询问客户是否方便接受服务跟踪，解释致电目的，请客户评价，询问意见。最后感谢客户接受跟踪服务。

10.2.5 跟踪服务的标准

汽车维修服务企业应有适当的跟踪服务政策和程序，建立跟踪服务系统，在维修后的3天内通过电话、信函等形式进行客户回访。

① 筛选客户名单。跟踪服务的顺序一般按返修工作、客户抱怨、费用较高的维修、与安全有关的维修、没发现缺陷而未进行的维修和保修项目等依次进行回访。

② 回访准备。回访应在客户离店后的第3天进行，最迟必须在第5天完成，所有客户都应被回访。开始回访前，请提前准备好相应的客户资料和维修工单，从而确保在拨打电话前对该客户已有足够的了解。

③ 回访内容。回访时应参照相应的回访话术，并结合客户的维修记录进行回访。了解客户对维修保养的质量评价，了解客户满意度；提醒下次定期保养时间。

解答客户的疑惑和解决客户抱怨与投诉。如果不能现场处理则在征求其他部门的支持后，再予以回复，不得随意承诺。

跟踪电话访谈流程如图 10-2 所示。

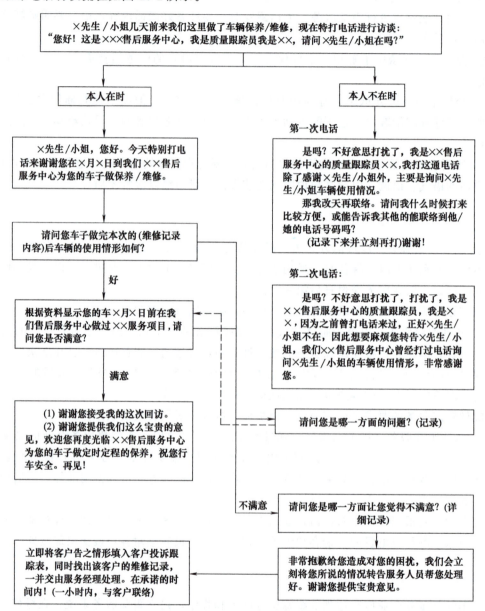

图 10-2　跟踪电话访谈流程

10.3　客户投诉处理及避免

不满意是一种内在的情绪因素，客户对产品和服务的不满意会产生抱怨，如果处理不好会引起客户投诉。

客户的抱怨或投诉是坏事也是好事，因为能够从客户的抱怨中知道汽车维修服务企业存在的问题，帮助汽车维修服务企业找出服务质量不高的原因和相应的整改办法，使得汽车维修服务企业有机会进行服务补救，提高客户满意度。

研究客户满意度要注意客户对产品和服务的反馈和抱怨上，要从客户的抱怨或投诉中找出客户的期望，进行服务补救。

服务补救是汽车维修服务企业在出现服务失误时所做出的一种具有即时性和主动性的补救反应，通过这种管理模式更有利于提高客户满意度和忠诚度。服务补救的原则是客户满意、员工满意和从服务补救中学习正确的观念。

在处理所有投诉过程中，必须树立一个正确的观念，只有自己的错，没有客户的错；即使是客户一时的误会，也是我们自己解释不够。基于这种观念，才能诚心诚意地去解决问题，感动客户，取得谅解，这样车主很可能成为公司的回头客户，而且还会带来新的客户。

10.3.1 正确对待客户投诉

客户投诉时，企业要负责处理或提出相应的弥补措施，或寻求其他相关单位协助处理。

正确处理投诉可以争取改进的机会，将客户投诉而产生的危机转化为促进企业产品和服务提高的转机，通过正确处理客户投诉，争取客户的信任，赢得客户的认同，展现企业品牌的积极形象。

客户投诉的处理步骤主要有：

（1）受理投诉。对客户的不愉快的感受和烦恼表示认同和理解，显示出乐于帮助的诚意。

受理投诉时要礼貌地接待客户，向客户致意，为给客户带来的不便道歉。注意适时地安慰客户。

当客户产生抱怨而投诉时，要让客户尽快平静下来。必要时将客户引领至一个安静的环境（如业务洽谈室）进行处理，避免因环境嘈杂导致客户心烦而进一步激化矛盾，也避免投诉客户的情绪影响其他客户。

（2）了解原因。客观地了解问题，认真、诚心地听取客户投诉，认真听客户的述说并记录要点，记录时要注意记录客户投诉的原话，以便真实地了解情况，将引起客户投诉的各种因素分类，分析各种因素的相互关系，找出客户投诉的主要原因。

接受客户投诉时要填写"客户投诉登记表"（见表 10-7）。

表 10-7　客户投诉登记表

客户投诉登记表			
		文件编号：	序号：
客户姓名：	车型：	车号：	
客户地址：		联系电话：	
维修日期：		手机号码：	
投诉原因：			
接待人意见：			
		记录人：	记录日期：

(3) 确定解决对策。通过与客户交流明确了解客户的主要要求后，应告诉客户拟定的处理对策和处理结果，主要说明解决对策的纲要和结果，以及工作进度时间表和预算等。

听取客户对解决对策纲要和结果的意见，如果解决对策与客户的要求有差异，应该向客户解释，求同存异，尽量使双方观点一致，得到客户的认同，以免在执行之后客户产生新的不满。

(4) 实施及跟进。再次为给客户带来的不便道歉，对客户与汽车维修服务企业的沟通及认可解决对策表示感谢。

询问客户是否还有其他需求，介绍今后可向客户提供的服务。

拟定相关计划，进行必要的员工培训，防止同类问题再次发生。

在实施解决对策之后，继续通知客户定期保养等事宜，开展维持信任度和提高客户满意度的活动。

具体内容见"客户投诉处理表"（见表9-1）。

10.3.2 提高客户满意度，避免客户投诉

影响客户满意度的因素主要有品质、价值和服务三个方面，与价格的关系不大。一个成功的企业在激烈的市场竞争中能够维持较高的利润，很多情况下是因为他们不打价格战，而是从客户端着手，做好服务，使客户满意。客户满意是创造客户终身价值的前提。

提高客户满意度，避免客户投诉的主要工作有：

(1) 了解客户的期望。了解客户的期望，是提高服务质量管理工作的关键，只有满足了客户的期望，才能有效地提高客户满意度，避免客户投诉。

要提高服务质量的可靠性，争取第一次就把事情做好。

了解客户期望的主要方法是通过正式和非正式的调查方法来获得客户期望的信息，包括询问和聆听客户的建议、跟进服务电话、客户调查和员工意见反馈等。

(2) 分析客户的抱怨和投诉。认真分析客户的抱怨与投诉，是深入了解客户期望的重要方法。客户投诉为详细了解客户意见提供了极好的机会。因此，汽车维修服务企业应该安排专职人员处理客户投诉并详细记录客户意见，及时把客户的意见整理后反馈给相关部门，做好客户投诉的分类整理和分析工作，通过对客户投诉的分析，了解服务中的薄弱环节，真正了解客户的期望，使之能正确指导汽车维修服务企业做好服务工作。

(3) 管理人员要深入服务现场，亲自观察服务情况，关注服务细节，与客户交流，体验客户的消费经历，甚至亲自从事面对面的服务工作，直接了解客户的需求。通过现场接触，售后服务部管理层就能更清楚地了解客户的需要和期望。

(4) 倾听一线员工的意见。通过从一线员工那里获得的信息，公司管理人员能够更深刻地了解客户的期望。一线员工与客户直接接触，最了解客户的意见与期望，公司管理人员应该鼓励一线员工经常反映情况，感谢一线员工对公司工作的批评与建议，对他们提出的合理化建议进行奖励。

10.4 客户流失分析及招揽

客户是汽车维修服务企业的重要资源，也是企业的无形资产。客户的流失，就意味着企业资产的流失，因此进行客户流失分析是十分重要的。进行客户流失分析的目的是减少或者

避免客户流失，提高企业的盈利水平和竞争力。

一般情况下，每位客户每年应该进行四次以上的车辆维修或维护，如果一位客户已经六个月以上未到公司进行车辆维修或维护，那么就可以认为该客户已经流失或者存在流失的风险，就应该成为进行流失分析的对象。

客户流失分析的目的是归类分析客户长时间未进店的原因，传递给相关部门，采取整改，提高客户满意度和忠诚度，减少或避免客户流失。

10.4.1 客户流失分析

汽车维修服务企业一般要在每个季度进行一次客户流失分析。要做好客户流失分析，就要按一定的流程和方法进行，通过筛选调查对象、初步分析、六个月未回本公司原因调查、调查结果的统计分析、根据分析结果进行整改和采取措施、争取流失客户返回本公司等内容的调查分析，找出客户流失的原因，制订相应的措施，提高服务质量，减少客户流失率和争取流失客户重新返回公司。

通过经销商管理系统对6个月内未回公司维修的客户进行筛选，确定客户流失调查的对象。对这些调查对象进行车型、客户职业、客户类型、客户所在区域的分布、最后一次来公司维修（时间、内容和类别）等内容的初步调查分析。

实施客户流失原因调查的方法有：电话访问、登门拜访、信件、电子邮件调查和利用各种活动邀请客户来公司进行调查等。调查的内容一般有：6个月未回本公司，这期间是否进行了维修；进行了哪些维修；在哪里进行的维修；为什么没有回本公司维修；如果在其他地方进行的维修，是否使用纯正的备件；如果是在其他4S店进行的维修，为什么选择它。

通过调查填写客户流失调查问卷（表10-8）和客户流失统计分析表（月度）（表10-9），进行相关分析，采取补救措施。

表10-8 客户流失调查问卷
售后服务客户流失调查问卷

您好，_____女士/先生，我是××4S店的客户关系顾问，您的车于××年××月××日在我店进行了××维修，至今已经有××（时间）没有到我店来维修，我想占用您一小会儿的时间了解一些情况。

序号	问题	客户回答	问话方向选择
Q1	请问这期间您的车是否进行了修理？	是□ 否□	如果选是,请转到Q3 如果选择否,请转到Q2
Q2	为什么没有进行过维修？	车没有开□ 车辆已经转让□ 出差/出国□ 其他：	感谢客户,结束调查
Q3	进行了哪些修理？	保养□ 小修□ 钣金喷漆□ 其他：	如果回答:钣金喷漆,追问Q4
Q4	是否是保险公司推荐您去进行钣金喷漆的吗？	是□ 否□	
Q5	请问您到哪里修理的？	同品牌其他4S店□ 其他品牌特约维修站□ 社会修理厂□ 个体修理厂□ 连锁店□	如果回答是非"同品牌其他4S店"请问Q6 如果回答同品牌其他服务站,请问Q10
Q6	是什么原因促使您到这些地方修理呢？	价格□ 离家近,方便□ 熟人□ 别人推荐□ 其他：	

续表

序号	问题	客户回答	问话方向选择
Q7	您认为这些地方修理备件和维修质量有保证吗？	有□ 没有□	如果回答有，追问 Q8
Q8	为什么？		
Q9	您为什么不愿意到我们店来进行维修？	服务差□ 维修质量不好□ 维修价格高□ 地点不方便□ 公司指定□ 其他：	
Q10	您为什么选择那家 4S 店？	服务好□ 维修质量好□ 离家近,方便□ 其他：	

×××先生/女士:我的调查到此就结束了，非常感谢您能抽出时间回答我的问题，谢谢。

表 10-9 客户流失统计分析表（月度）

客户流失统计分析表(月度)

日期	客户资料			忠诚度			前次服务内容			投诉情境	访谈反映			不回厂原因						
	车号	客户姓名	电话	接受服务次数	首次服务日期	消费合计	来厂日期	派工单号	主要维修内容	案例编号	无	冷淡	一般	热情	车辆已报废或销售	服务态度不佳	收费太高	技术不好	不方便	已搬家	已到别处消费	投诉未解决	其他	不愿说明

公司总经理： 服务经理： 制表人： 时间：

客户流失的原因主要分为内部因素和外部因素两种。内部因素主要有客户认为配件及工时价格贵，维修技术差，维修等待时间长等；外部因素主要有服务企业太远不方便，亲属或朋友开有汽车维修厂，车辆转卖，客户认为车辆行驶里程较少不用来公司进行维修或维护等。

客户流失的原因和分类见表 10-10。

10.4.2 流失客户的招揽

应该根据客户调查资料所反映的客户流失分类和流失原因，进行相应的分析，针对社会维修厂、个体维修厂、维修连锁店的竞争分析，明确各自的优势和劣势，提出合理的竞争策略。找到服务补救方法，制订明确、具体、可行的整改措施。整改措施必须有责任人、整改期限和整改效果的评估。

表 10-10 客户流失的原因和分类

流失车辆类别分类	维修服务流失
	保养服务流失
	整体售后服务流失
流失车辆使用年限分类	0～2 年
	2～4 年
	5 年以上
流失车辆原因分类	服务态度不好
	维修质量差
	维修费用高
	维修服务便利性（路途远）
	核心服务出错
	服务接触出错
	诚信问题
	服务补救不足
	服务环境
	不自愿转换
	保险公司要求到指定的厂家维修
	客户车辆转让
流失客户流向分析	同品牌、同城市的其他服务站
	竞争对手的特许维修中心
	独立的社会维修厂
	维修连锁店或个体维修厂
流失客户类型分类	私家车
	公务车
	特种车
质保期限流失	质保期内流失
	质保期外流失

安排回访专员每天定量进行流失客户招揽，客户关怀，对流失客户进行邀约。根据客户的回复进行流失原因分析，并进行工作总结。

根据流失客户档案及客户的反馈信息，在流失调查的基础上，分析客户流失的原因，针对不同类型的流失客户制订有吸引力的客户关怀、招揽方案和相应的话术。

流失客户的客户关怀和招揽工作要注重真诚，重承诺，不失信于客户。在保证公司自身利益的基础上，要关注客户关系的维护，与流失客户再次建立信任，并且长期维持这种良好关系。

如果有特殊原因做不到，应该向客户做好解释工作；再次失信于流失客户，会造成客户的永久流失，要尽量避免此类情况发生。

如果客户流失的主要原因是内部原因，应该先进行内部改善后，再进行相应的流失客户招揽。通过加强对维修技术、服务态度、接车流程、配件供应等方面的管理，通过带给客户更好的感受，提高客户满意度，从而达到降低客户流失率、提升客户忠诚度的目的。

失联客户关怀流程如图 10-3 所示。

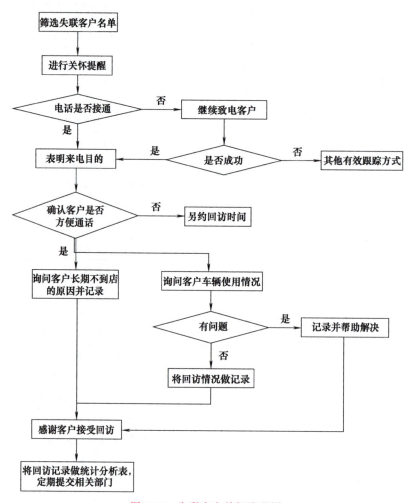

图 10-3　失联客户关怀流程图

10.5　跟踪服务流程的实施

进行跟踪服务可以掌握维修企业在维修作业中存在的不足，及时处理客户抱怨，更好地了解客户的期望和需求，通过有效地利用跟踪服务的结果，可以进行内部改善，提高客户的满意度。

通过学习跟踪服务，掌握跟踪服务工作要求，熟悉有效的跟踪服务手段和提升客户满意度的方法，掌握建立客户档案的要求和方法。

10.5.1　跟踪服务流程关键点

由图 10-4 可知，跟踪服务流程的关键点是利用客户档案制订回访计划和方案，利用行之有效的方法实施回访，处理回访中客户的抱怨或投诉，最后利用回访获得的信息，分析得出提高工作质量的办法，制订改进方案，提高客户满意度。

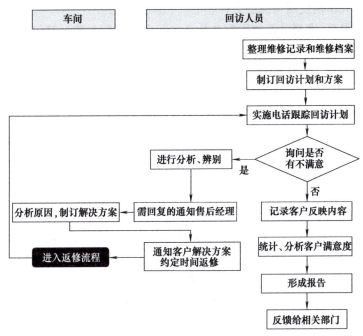

图 10-4　跟踪服务流程

10.5.2　跟踪服务流程的步骤和执行标准

由图 10-4"跟踪服务流程"可以知道，跟踪服务流程的步骤和执行标准主要是：

① 制订回访方案。利用维修记录和客户档案信息，分析可能存在的问题，制订回访计划和方案，进行售后回访或流失客户招揽。

② 实施回访并记录。回访中要了解客户对维修保养质量是否满意，若客户有抱怨或投诉，必须及时处理。

③ 处理回访中客户的抱怨或投诉。了解客户抱怨的原因，及时解决。如果处理不成功，应该考虑采用更换调解人、更换调解策略的方法，并且一直跟踪到客户满意为止。

④ 整改提高。分析回访结果，明确客户投诉的关键所在，找出原因，制订改进方案，提高客户满意度。

10.5.3　跟踪服务实施训练

10.5.3.1　训练要求

通过跟踪服务的模拟训练，学习跟踪服务的流程和要求，熟悉常用的跟踪服务方法和提升客户满意度的方法。

10.5.3.2　话术范例

（1）售后回访话术　首先进行必要的说明：问候客户，介绍公司及自己，说明此次谈话的目的："您好，我是×××公司回访员×××。×先生/女士，非常感谢您三天前在我们店里做了保养/维修，想耽搁您一点时间做一个回访，您现在方便吗？"

若客户回答可以则继续，要就客户接受回访表示感谢："谢谢您对我们工作的支持！"

其次是了解情况。在回访中，应该询问客户下面几个问题：

"请问您这几天车辆使用情况怎么样？"

"上次您来做保养/维修时，我们前台是×××负责接待的您，请问他/她（以下为几个具体问题）"

"是否按照您要求的时间为您安排了服务？"

"有没有把您交代的项目都做好？"（如果客户回答"否"，要先说："给您带来的不便，我们十分抱歉，请问您能描述一下具体是哪个项目或者是车的哪个部位没有一次性给您保养好呢？"）

"服务顾问是否提醒您下次保养里程及时间？"

"交车结算时服务顾问是否向您清楚地解释了费用明细？"

"交车时，服务顾问是否协助您一同取车？"

"您的车辆清洗干净吗？"

"我们还想请您为我们这位服务顾问当天的服务进行简单的评分，如果10分为满意，9分为及格，8分及8分以下为不及格，您觉得他这次的服务可以评几分？"（如果客户回答的为9分或8分以下，要通过提问询问客户对我们的服务是否有什么建议或意见。）

"×先生/女士，欢迎您对我们的服务提出宝贵的意见和建议，以便我们更好地为您服务。"（如有，记录客户的意见或建议并向相关部门反映）

若客户回答现在不方便交流则结束回访，询问下次回访方便的时间："对不起打扰您了，您什么时候方便呢？在您方便的时间联系您可以吗？"

回访结束时要提醒客户下次保养时间并感谢客户接受回访：

"×先生/女士，您下次的保养时间是×××，或者行驶里程数是×××，以先到的为准。如您有任何需要我们做的，欢迎您拨打我们24小时服务电话××××××××与我们取得联系！"

"感谢您接受我们的这次回访，祝您用车愉快，再见！"（心中要默数5秒钟，等客户先挂机）

回访时关键是处理客户的抱怨。对客户的不愉快的感受和烦恼表示认同和理解，显示出乐于帮助客户的诚意。表示表示认同和理解并不代表会解决客户的问题，例如，"我理解您的感受，如果是我车辆的发动机漏油，我也会不高兴的。""很抱歉您的车辆发动机漏油。"

（2）流失客户的招揽　客户回访的任务之一是流失客户的招揽工作，要在了解客户流失的原因后，采取必要的方法进行说服解释工作，使流失客户回到公司消费。

根据客户的流失原因采用合适的应对话术进行邀约。

客户流失原因是"价格贵"，则应对话术的要点可以是"与其他公司工时费和配件价格相比，本公司的质量和价格优势"和"说明预约则可以工时费优惠，对指定的配件优惠"。

客户流失原因是"技术水平不好，维修保养后出现问题"，则应对话术的要点可以是"预约后安排资深技师，提高一次修复率"和"车辆回公司检测，找出问题的原因，商谈解决办法"。

客户流失原因是"等待时间长"，则应对话术的要点可以是"做好预约服务，保证按时进行维修保养工作"。

客户流失原因是"服务质量差"，则应对话术的要点可以是"说明改善服务质量的措施态度"。

客户流失原因是"在维修厂做的维修保养",则应对话术的要点可以是"着重体现本公司是4S店,是主机厂统一的质量标准,说明在技术上的专业性、正厂纯正配件"和"进行优惠活动邀约"。

客户流失原因是"车辆转卖",则应对话术的要点可以是"如果提供新车主正确联系方式可赠送礼品"和"说明新车促销活动,吸引客户购买新车"。

客户流失原因是"客户是外地车",则应对话术的要点可以是"提醒客户去当地4S店进行定期维修保养"。

10.5.3.3 流程演练

(1) 演练评价要求　学习图10-4的"跟踪服务流程",完成角色扮演练习。建议采用分组方法演练,按流程轮流进行角色扮演,按要求完成步骤、话术、表格填写等内容。采用学生自评、互评和教师点评的方法评价演练结果。

角色扮演练习时主要考查学生扮演"客户"角色时的客户心理活动、语言及肢体语音。考查学生扮演"工作人员"的专业技术水平,与客户交流的技巧,完成相应表格的填写。

(2) 演练内容及要求　说明"跟踪服务流程"的内容、要求,按流程要求进行角色演练。练习时反映出规范的礼仪、熟悉工作流程、组织工作的能力、有效沟通能力和规范的问询记录。

10.5.3.4 角色扮演考核

按工作情景要求,让学生分组扮演工作人员和客户,进行考核。考核的评价方式为学生互评和教师对学生的话术进行整体评价。

(1) 话术考核

情境考核1　话术(1)

根据工作情景,设计话术。让学生分组扮演工作人员和客户进行话术考核。

流失客户邀约话术:

流失客户的主要招揽方式为短信和电话邀约,以下为电话邀约话术。

邀约电话:"您好,我是×××公司的客服××,请问您是×××车主吗?您好,需要给您做个回访,大概占用您两三分钟时间,请问您方便接听电话吗?"

"看您的维修记录,上次您的车辆来公司做保养的时间是××年××月,正常的保养是半年做一次的,现在已经过去×月的时间,您一直也没来做保养,想问下您的车辆做保养了吗?"

客户回答:"在其他维修厂做了保养。"

问明原因:"请问,这次的保养您为什么没来本公司做呢?"

客户回答:"4S店价格贵。"

应对:"本公司的价格都是明码标价的,而且与其他公司相比工时及相关配件价格是偏低的。而且我们每个季度都会有优惠服务活动,在此期间维修保养工时和指定配件都有优惠,以后有活动我可以通知您。"

"建议您下次来维修保养之前提前一天拨打电话××××××××预约,工时给您打八折(事故车除外)您看怎么样?"

"4S店的配件都是原厂正规配件,质量有保证,维修工具和维修技术更规范更专业,车辆出现问题最好还是来4S店进行维修。如果您提前预约保养维修,工时可以优惠,您看怎

么样?"

客户回答:"4S 店技术差,多次维修仍没修好。"

应对:"维修技师需要不断地进行培训和考核,目前我们的技师都是经过专业认证的,如果您预约来店,我们尽量安排资深技师为您的车辆进行维修,您看怎么样。"

"如果是 4S 店解决不了的技术问题,我们可以向厂家提交,尽最大努力为您解决车辆问题。"

客户回答:"对服务态度不满意。"

应对:"很抱歉,可能之前您来店有过不愉快的事情,造成您对 4S 店的服务不满意。"

"4S 店现在对员工的礼貌及接待水平都是定期考核的,我们服务水平有了很大的提升。我们可以免费为您做一次全车检测,您什么时候方便过来?我们为您预约安排金牌服务顾问为您服务。"

客户回答:"4S 店太远,不方便。"

应对:"车辆有问题最好是来 4S 店进行维修保养,下次您提前预约,我们提前给你预留工位,保证按您的时间进行施工。"

客户回答:"车辆转卖了,想买别的车。"

应对:"如果您能提供新车主的联系方式,我们将赠送您价值×××元装饰券。"

"最近我们店的×××车卖得不错,性价比也很高,您要是有时间可以来看看,老客户买车有优惠呢!"

客户回答:"还未做保养"

询问:"请问您没做保养的原因是什么?""是否意愿回本公司做保养?"

客户回答:"不愿到你们公司做保养。"

问明原因进行解释。

情境考核2　话术(2)

① 应用"问候客户、说明回访事宜、安抚客户对回访的抱怨、回访主题、回访中客户反映的问题、客户问题解决和结束语"的程序,完成下面情境的交流话术。

a. 客户车辆保养、维修后回访。

b. 客户投诉后问题解决的回访。

c. 经常性的电话问候、回访,客户比较烦(特别是那些经常来做维修的客户)。客户会回答:"我的车很好啦,你们为什么老是打电话来呢?我很忙。"

应对话术:"不好意思打扰您了,我们打电话给您是因为我们非常关心您车子维修后的使用情况,这样既是对我们自己负责,也是对您负责。如果您觉得我现在打电话打扰您了,那您看我们什么时候打过来不会打扰您。"(如果客户执意以后不需要我们再打电话,那么就不需要给客户打电话了,否则会引起客户的另一种不满意)。

② 应用"问候客户、客户抱怨的安慰、抱怨原因问询、问题解决和结束语"的程序,完成下面情境的交流话术。

a. 客户:"为什么保养后不久又出现了问题?"

应对话术:"由于这些问题对您造成了不便,我们表示非常抱歉。由于造成这种故障的原因较多,需要对您的车辆进行检测后,才能知道具体原因。在检测结果出来之后,我们会尽快给您一个满意的答复和解决方案。"

b. 客户:"你们是怎么修车的,同样的问题修了好几遍?你们到底能不能修好?"

应对话术:"十分抱歉给您造成的不便,我们会对您的车再做一个全面检测,请放心,您会在最短时间内得到圆满答复。"(如果是维修质量问题,再做一些道歉,和客户协商可能接受的方案。如果不是维修质量问题,礼貌地向客户解释检测结果,客户认同后,提出解决方案)

情境考核3 维修回访电话

学习"维修回访电话"要求及话术,设计两种(客户满意与不满意)电话回访话术(以零部件换修为例),与"客户"交流,同时完成相关表格的填写。

① **回访员**:"您好!请问您是×××先生或小姐吗?我是×××4S店的信息员小徐,您上次来我们店维修了×××,不知道目前使用效果怎么样?耽误您一会儿,能否配合我们做一个调查呢?"

(得到客户同意调查后即可继续下面的问题)

"您的爱车在我店换修配件时,我店的服务顾问是否及时接待了您?"

"请您对当时接待的服务顾问的专业程度评个分(解释评分标准:按0到100分,90分为及格),好吗?"

"您在我店享受服务时,服务顾问是否向您解释了维修保养项目呢?"

"您觉得这次的保养/维修质量怎么样,请你评个分?"

"车辆保养/维修完毕后,服务顾问是否向您提醒了您车辆使用注意事项?"

客户:"总的来说都还可以,给你们打个96分吧。"

回访员:"嗯,好的,非常感谢您对我们工作的认可,请您一如既往地支持我们工作,祝您用车愉快!"

② 回访员调查的问题同上。

客户:"我感觉你们的工作人员维修速度太慢了,维修质量也很一般。"

此时回访员询问维修速度慢和维修质量差的具体体现:"请问具体是哪些方面使您不满意?"

客户:"为此我已经说了很多次了,再这样我就不到你们这儿修车了。我就勉强给你们打个90分(或以下)吧。"

回访员:"×××先生/小姐,对于您捃出的意见和建议我表示感谢,有时来店客户比较多,可能会影响您等待的时间,这种情况是存在的,以后我们将会不断提高维修、保养速度,提高我们的工作效率,对于您所提出的问题我们会很重视,并及时向售后负责人反映,寻找一个妥善的解决办法,争取给您一个满意的答复。也请您一如既往地关心和支持我们的工作。祝您用车愉快!"

注:如果是征询客户意见后遭拒绝,可暂时停止回访,等到对方方便或是隔几天再进行电话回访。

情境考核4 保养回访话术

学习"保养回访话术",设计两种(客户满意与不满意)回访话术,与"客户"交流,同时完成相关表格的填写。

客服专员:"您好!请问是×××先生/小姐吗?"

"我是×××服务站的客服专员×××。为了能更好地为你服务,我们想耽误您一两分钟做个简单的回访可以吗?"

客户:"好的!"

客服专员："非常感谢！"

① 主问题：

a. 在您到达服务站后是否有工作人员立即接待您？

b. 您在维修保养前，服务顾问是否对即将开展的维修保养工作进行了详细的解释？

c. 您觉得服务顾问的态度还友好吗？

d. 您觉得我们休息区还舒适吗？

e. 在完成维修保养后，服务顾问是否为您详细解释了结算清单？

f. 您觉得我们的收费还合理吗？

g. 维修保养完成的还彻底吗？

h. 完成整个维修保养的时间您能接受吗？

i. 完成维修保养后是否有人协助您接车？

j. 完成维修保养后是否对您的爱车进行清洗和吸尘呢？车辆清洁得干净吗？

② 提醒客户：

"×先生/小姐，谢谢您的配合。不好意思打扰你了，祝你周末愉快，再见！"

情境考核5　客户对回访反感

情境：经常性的电话问候、回访，客户比较烦（特别是那些经常来做检修的客户）。

客服专员："您好！请问是×××先生/小姐吗？"

客户："是的。"

客服专员："我是×××服务站的客服专员×××。为了更好地为您服务，我想耽误您一两分钟做个简单的回访可以吗？"

客户："我的车用得很好啊，你们为什么老是打电话来呢？我很忙。"

客服专员："不好意思打扰你了，我们打电话给你是因为我们非常关心您车子维修后的使用情况，对我们自己负责，也是对您负责。如果您觉得我现在打电话给您打扰您了，那您看我们什么时候打过来比较不会打扰你。"

（如果客户执意要求我们以后都不要再打电话了，那么这个电话就可以不打，否则会引起客户的另一种不满意）。

客服专员："非常抱歉在这时打扰您！再见。"

（如果客户接受回访）。

客服专员："感谢您的支持。只有两个问题，想占用您一分钟的时间。第一个问题是您的车在保养（维修）之后是否运行良好？第二个问题是您对我们的服务满意吗？"

（请完成后续对话内容，按客户满意与不满意二种情况设计情境及话术）

二维码10-1
跟踪服务流程
实施情景

微信扫一扫，
观看三维模拟动画，
听取专业话术录音

（2）角色扮演

演练评价要求：学习"跟踪服务流程"，完成扮演演练。

分组演练"跟踪服务流程"。建议采用分组方法演练，按流程轮流扮演角色演练（步骤及要求、话术、表格填写）。演练时用摄像机拍摄，演练完毕播放并评价。

"跟踪服务流程"演练结果的评价采用自评、互评和教师点评。

根据交流和工作演示进行评价，主要考查学生扮演"客户"角色时的客户心理活动、语言及肢体语音。考查学生扮演"工作人员"的专业技术水平，与客户交流的技巧，填写工作表格的能力。

情境考核 1　跟踪服务程序

学习"跟踪服务程序",按该程序的内容和要求完成跟踪服务流程、设计话术并与"客户"交流,同时完成相关表格的填写。

"跟踪服务的程序"如下:

① 跟踪服务前准备

a. 整理前一天的交车记录并按"短信/邮件/电话/上门"四种跟踪形式进行分类。

b. 将短信/邮件跟踪服务客户列入"本日跟踪服务客户名单"。

c. 记录本日进行的电话跟踪服务。

d. 整理前一天的跟踪服务记录,将未成功的电话跟踪服务列入今天的跟踪服务安排。

e. 按照跟踪服务安排准备客户档案、维修记录、满意度调查表等资料。

f. 确定需要单独会谈的客户名单,准备客户的基本资料。

g. 录入短信/邮件跟踪服务的话术,记录跟踪服务结果。

② 电话跟踪服务

a. 跟踪服务员拨通跟踪服务电话,向客户说明公司名称以及自己的姓名。

b. 询问客户在此时是否方便接受跟踪服务。若客户不方便接受跟踪服务,致歉并约定再跟踪服务时间,与客户道别,结束本次跟踪服务。若客户明确拒绝电话跟踪服务,应该转为短信/邮件跟踪服务方式。

c. 简单核对客户车牌、车型及上次的维修保养事项。

d. 询问故障现象是否完全排除或车辆使用情况。

e. 进行客户满意度调查。

f. 提醒客户车辆使用注意事项。

g. 提醒下次保养里程与大致保养时间。

h. 主动给客户留下联系电话、E-mail,或者维修公司网站等信息,方便客户联系维修公司。

i. 致谢、道别、挂机。

j. 记录跟踪服务内容。

根据图 10-5 提醒电话访谈流程进行角色扮演。

③ 上门跟踪服务

a. 主管经理在预计的登门拜访日前一天与客户进行电话沟通,确认是否可以上门跟踪服务。若客户不方便接受上门跟踪服务,再约定时间,与客户道别,结束本次跟踪服务。

b. 主管经理查阅客户档案、维修历史记录等客户资料,并准备好相应的记录表格及适当的小礼品。

c. 主管经理上门拜访客户,向客户说明公司名称和自己的姓名,同时给客户自己的名片。

d. 询问故障现象是否完全排除或车辆使用情况。

e. 向客户提醒车辆使用注意事项。

f. 向客户提醒下次保养里程与大概的保养时间。

g. 进行客户满意度调查。

h. 主动给客户留下维修公司的服务联络卡或引导客户阅读个人名片上的联络信息。

i. 致谢并赠送客户礼物，道别，结束本次跟踪服务。
j. 记录相关内容。

情境考核2　流失客户招揽

根据流失客户档案及客户的反馈信息，分析客户流失的原因，制订流失客户招揽方案。根据流失客户的类型进行针对性的招揽。

流失客户的招揽工作要注重真诚，在保证公司自身利益的基础上，要关注客户关系的维护，与流失客户再次建立信任，并且长期维持这种良好关系。

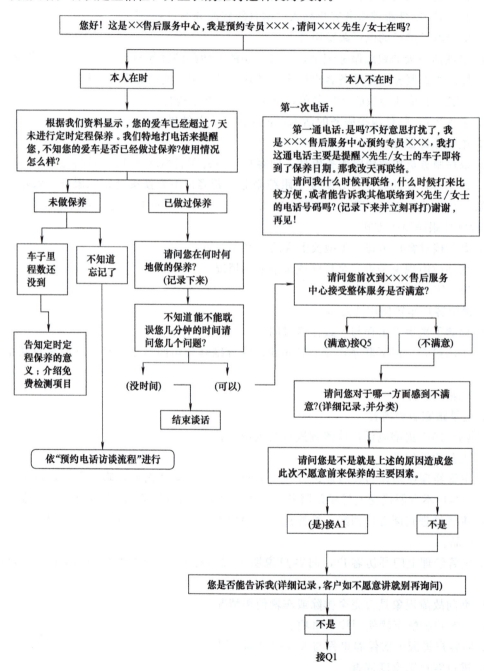

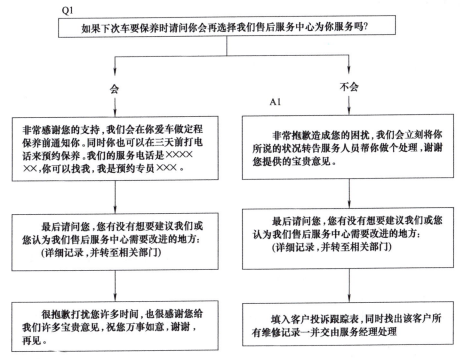

图10-5 提醒电话访谈流程

根据"价格贵、技术差、等待时间长和服务差"等客户流失的原因,制订回访方案和邀约方法及邀约话术。

情境考核3 短信跟踪服务

短信跟踪服务的成本低、便利性强,但与客户沟通的互动性不好,不利于及时掌握信息。适用于非首次进厂且在上次进厂时进行了保养或小修的客户。此类回访一般在服务交付日后第一天进行。

短信跟踪服务的样本如下:

尊敬的客户

您好!

您的爱车于××年××月××日在我公司接受了服务,感谢您对我们的支持与信任。请问您的爱车目前使用情况正常吗?如果在使用中有什么问题,请您随时联络我们,电话(××)××,或发送邮件至××,或登录网站××,联系人:××。

您和您爱车的平安是我们最大的心愿!

××4S店

××年××月××日

情境考核4 邮件跟踪服务

电子邮件方式进行跟踪服务的成本低,但是客户接受跟踪服务的便利性不强,且适用于非首次进厂且在上次进厂时进行了保养或小修的、经常使用互联网的客户。此类跟踪服务一般在服务完成后的第一天进行。对于联系电话有误的客户也可以采取这种跟踪服务方式。

邮件跟踪服务的要求是内容简练,模板便于修改,必须有反馈联系方式。

邮件跟踪服务的样本如下：

尊敬的××先生（女士）

您好！

您的爱车于××年××月××日在我公司进行了××服务，首先感谢您对我们的支持与信任。

在接下来的使用中，如果您有什么问题请随时联络我们。

联系人：××，联系电话：（××）××××，或请您登录网站××

您和您爱车的平安是我们最大的心愿！祝您驾驶愉快！

××4S店
××年××月××日

情境考核5　电话跟踪服务

进行电话跟踪服务时要进行目的说明，让客户知道跟踪服务电话是服务企业出于和客户保持联系的目的，无意侵犯客户的隐私。如果客户不喜欢电话跟踪服务，可以使用邮件、明信片或预付邮资的问卷表的方式完成客户反馈工作。

具体内容和要求如下：

维修保养后在客户取车后的3个工作日内进行电话跟踪访问，并记录在跟踪服务客户电话记录表中。

若存在维修质量和配件问题，应向客户致歉，并承诺尽快将处理结果反馈给客户。如果客户对处理意见不满意，应再次讨论处理意见直至客户满意。对于投诉维修质量问题的客户，应在其车辆返修后，再次进入售后电话跟踪服务中。

若存在服务质量方面问题，询问客户具体情况，并根据情况向客户致歉。

进行电话跟踪服务时，应进行定期保养提醒及提示客户可享受的预约服务。

控制整个电话跟踪服务的时间，全程不要超过5min。

情境考核6　上门跟踪服务

上门跟踪服务的服务成本高、便利性差，但与客户沟通时的互动性好，利于及时掌握信息，适用于解决重大投诉的客户。此类跟踪服务一般由主管经理执行，但跟踪服务前必须与客户电话联系以确定拜访时间，要在约定的时间前5min到达，稍做调整，待刚好到约定时间时按响门铃或请人通报。

上门跟踪服务时，要求跟踪服务人员遵循礼仪要求，讲话不卑不亢，具备一定的商务谈判技巧。

任务要点总结

做好跟踪服务，一方面可以在第一时间了解客户对服务的评价，掌握维修企业在维修作业中存在的不足；另一方面又可以更好地了解客户的期望和需求，了解客户对员工和公司的评价。及时处理客户抱怨，接受客户和社会的监督，提高客户的满意度。

通过有效地利用跟踪服务的结果，可以进行内部改善，提高客户满意度，降低客户流失率，提升客户忠诚度。同时知道客户抱怨的原因，做好流失客户的招揽工作。

做好跟踪服务，首先要配备优秀的跟踪服务人员，采用完善的企业管理信息系统，采取多种有效的跟踪服务手段，保持顺畅的沟通。其次就是建立系统的客户档案，掌握客户信息及其特点。最后就是对跟踪服务人员适当授权，提高办事效率。

思 考 题 ▶▶

1. 如何通过客户档案找出有价值的客户?
2. 做好跟踪服务的关键是什么? 如何通过跟踪服务提高顾客的满意度?

参 考 文 献

[1] 李荣建. 社交礼仪. 第2版. 北京：清华大学出版社，2011.
[2] 董乃群，刘庆军. 社交礼仪实训教程. 北京：清华大学出版社，北京交通大学出版社，2012.
[3] 栾琪文. 现代汽车维修企业管理实务. 第3版. 北京：机械工业出版社，2014.